D1546443

ANTOLOGÍA POÉTICA
DE ESCRITORAS
DEL SIGLO XIX

BIBLIOTECA DE ESCRITORAS

ANTOLOGÍA POÉTICA DE ESCRITORAS DEL SIGLO XIX

Edición, introducción y notas
de
SUSAN KIRKPATRICK

EDITORIAL CASTALIA

INSTITUTO DE LA MUJER

Copyright © Editorial Castalia, S.A. 1992

Zurbano, 39 - 28010 Madrid - Tels. 319 89 40 - 319 58 57

Cubierta de Víctor Sanz

Impreso en España, Printed in Spain

por Unigraf, S.A. (Móstoles) Madrid

I.S.B.N. 84-7039-662-5

Depósito Legal: M-35749-1992

SUMARIO

6

Introducción

> *Como las aves lanzan al viento sus trinos
> hijos del dolor o la alegría sin cuidarse de
> modular sus notas, del mismo modo he
> vertido yo las sensaciones de mi alma, que
> en desaliñados versos han brotado de re-
> pente de mi imaginación. [...H]e dejado
> correr mi pluma al impulso de mis emocio-
> nes, juzgando que no merecería reprobarse
> tan justo desahogo del corazón.*
>
> M.ª TERESA VERDEJO Y DURÁN, 1853[1]

U n auge dramático en el número de publicaciones fir-
madas por mujeres anunció hacia mediados del siglo
pasado que la mujer llegaba a ser definitivamente una
protagonista de importancia en la cultura impresa de esta
nación. Este fenómeno se debe en parte al impacto del
movimiento romántico. A partir del año 1840, año en que
tanto la estética romántica como el reformismo liberal se
imponen brevemente, empiezan las españolas a dejar co-
rrer sus plumas, llegando antes del final del siglo a dar a la
prensa miles de páginas, según consta en la recién publi-
cada bibliografía de María del Carmen Simón Palmer.[2]
Como afirma también Simón Palmer (p. xii), la categoría

---

1. Nota de la autora, *Ecos del corazón. Ensayos poéticos.* Zaragoza,
Imp. de Antonio Gallifa, 1853.
2. *Escritoras españolas del siglo XIX: Manual bio-bibliográfico*, Madrid,
Castalia, 1991.

7

más nutrida de estas producciones es la de la poesía. Y es que decenas de mujeres encontraron en una doctrina poética que valorizaba el sentimiento y la espontaneidad un apoyo importante para hacer frente a la arraigada tradición del silencio femenino. Al comenzar a escribir para el público, se aprovecharon de la oportunidad brindada por los cambios sociales y económicos que produjeron la expansión de la prensa y una mejor educación para la mujer.[3]

Si cantar era cosa tan natural para el —o la— poeta como el trinar de los pájaros, el susurrar del viento, el murmurar del arroyo —metáforas muy difundidas de la época[4]— no hacía falta formación clásica o conocimiento técnico de la versificación para hacer poesía: cualquier mujer que hubiese apenas superado las primeras letras podía escribir versos con la esperanza de verlos apreciados como expresiones de sentimientos espontáneos. Un conocido poeta romántico, Gregorio Romero Larrañaga, elogia, en efecto, el primer libro de poesía de Dolores Cabrera y Heredia precisamente por su falta de arte, y por lo tanto, de artificialidad:

> Querer interpretar con arreglo a los preceptos del arte, o las exigencias de la crítica razonadora, estos destellos del corazón de una mujer, es lo mismo que despojar a la inspiración de su sublimidad inexplicable [...]. Este es un libro escrito, en nuestra humilde opinión, con tal espontaneidad, y con tan natural

---

3. Para un análisis más extendido de esta coincidencia de factores en el auge de publicaciones por mujeres después de 1840, véase S. Kirkpatrick, *Las románticas: Escritoras y subjetividad en España, 1835-1850.* Madrid, Cátedra, 1991, cap. 2.

4. Véase el "Romance contestando a otro de una señorita" por Gómez de Avellaneda en esta antología. Una expresión definitiva de este tópico se encontraba en "Le poète mourant" de Lamartine, poeta muy leído por las españolas del XIX. Véase *Las románticas...*, *op. cit.*, p. 175.

y feliz desenfado, que [...] debe considerarse como la expansión irresistible de un alma entusiasta.[5]

Es un elogio en el que se trasparenta un concepto de la diferencia sexual poco ventajoso para las mujeres —el arte y la reflexión se reservan para los hombres— pero en el que por lo menos se autoriza la escritura femenina como tal, como expresión de una mujer. Esta autorización está respaldada además por un principio liberal traducido al campo estético por el romanticismo: el derecho de expresión —o de desahogo, que era el término con que casi todas las poetas del periodo expresaban su necesidad y su derecho de escribir poesía. Aunque ni las feministas más avanzadas del siglo XIX reclamaban para la mujer el derecho de expresión política en la forma del sufragio femenino, el romanticismo proporcionaba hasta para las mujeres de ideología muy conservadora la convicción de su derecho de expresión lírica, a pesar de que el mote "poetisa" se utilizaba con frecuencia para ridiculizar a las mujeres que ponían en práctica esta convicción (lo dice bien claro el poema "¡Poetisa!" de Rosario de Acuña). Esta necesidad imperativa de desahogarse se relacionaba directamente con el ahogo que producían en muchas mujeres las condiciones de su vida en una sociedad en que la actividad de la mujer de clase media estaba normalmente restringida a las tareas domésticas. Aunque muy contadas mujeres del siglo pasado se rebelaron abiertamente contra el rol asignado a su sexo, la difusión entre la cultura de las clases medias de un romanticismo pasado ya de moda entre la vanguardia literaria animó a muchas de ellas a superar su miedo de ser objeto de risa y desahogarse en verso de las penas causadas por su situación vital.

5. Prólogo, *Las violetas. Poesías de la Sta. Da. Dolores Cabrera y Heredia*. Madrid, Imp. La Reforma, 1850, p. 4

Los archivos están repletos de documentos que conservan las expansiones del alma de las mujeres literatas del siglo pasado. (Una vez más hay que traer en evidencia las 4.762 publicaciones enumeradas en la bibliografía de Simón Palmer.) Esta antología pretende hacer oír otra vez las voces de mujeres que consiguieron más de cien años atrás salir del mutismo impuesto por la tradición que exigía ignorancia y recato para la mujer. Las publicaciones periódicas —muchas de ellas fugaces— de una prensa en vías de modernización y masificación comenzaron hacia mediados de siglo a llevar las producciones de las plumas femeninas a un público lector que incluía cada vez más mujeres. Las revistas especializadas para mujeres que surgieron en la segunda mitad del siglo proporcionaron la salida más importante para la poesía escrita por mujeres, pero esta poesía también salía a menudo en otras revistas y hasta en los diarios.[6] Siguiendo la pauta de tres importantes pioneras, Josepa Massanés, Gertrudis Gómez de Avellaneda y Carolina Coronado, quienes publicaron sendos libros entre 1841 y 1843, las mujeres con aspiraciones literarias solían empezar colocando algunos poemas en una revista y luego conseguían consagrarse como autoras con un libro de poesía. Para colocar sus producciones en la prensa fue importante la ayuda de otras mujeres

6. Varias de las escritoras representadas aquí llegaron a ser directoras de revistas de mujeres: Ángela Grassi lo fue de *El Correo de la Moda* de Madrid; Robustiana Armiño de *La Familia;* Faustina Sáez de Melgar de *La Violeta,* revista que publicó centenares de poemas de mujeres. Sobre la expansión de la industria de la prensa y su impacto en la producción literaria femenina véanse las obras siguientes: Alicia Andreu, *Galdós y la literatura popular,* Madrid, Soc. General Española de Librería, 1982; Adolfo Perinat y María Isabel Marrades, *Mujer, prensa y sociedad en España: 1800-1939,* Madrid, Centro de Investigaciones Sociológicas, 1980; y Enrique Rubio Cremades, "Análisis de la publicación *El Pensil del Bello Sexo*", *Escritoras románticas españolas,* ed. de Marina Mayoral, pp. 95-103.

a establecidas como escritoras. Existía una fuerte solidaridad entre estas mujeres, conscientes de formar una minoría mal entendida dentro de su sociedad. Pero es también cierto que pocas habrían conseguido publicar un libro de poesía sin el apoyo masculino, sea de un padre que sufragase los gastos de la publicación, que sería el caso de muchas de estas poetas, o bien de un hombre de letras que actuase de respaldo y mentor, como hizo J. E. Hartzenbusch con Carolina Coronado y otras, o bien de un prohombre que quisiera realzar el prestigio de su pueblo dando a conocer las producciones de la poetisa local, como parece ser el caso de Victorina Saenz de Tejada.[7] La mayoría de estas mujeres empezaron a escribir en pueblos o en ciudades de provincias. Sin embargo, las que lograron hacerse escritoras profesionales normalmente fueron a Madrid o a Barcelona (Sevilla también era un centro importante para el cultivo femenino de las letras). Algunas pertenecían a la aristocracia, otras a la burguesía terrateniente, pero la mayoría eran hijas de funcionarios, de profesionales, o —no pocas veces— de militares. Algunas de estas últimas vivían casi en la miseria, ganándose la vida, como Sáenz de Tejada o Eladia Bautista y Patier, con labores de aguja.

El hecho es que, a pesar de las nuevas oportunidades para el ejercicio de la pluma, la aguja no dejó de ser el símbolo más importante de la actividad femenina en la

---

7. El erudito local que escribe el prólogo al primer tomo de esta poeta, que vivía en Antequera, acusa a su pueblo de haber sido poco justo con otra hija ilustre, Cristobalina Fernández de Alarcón, contemporánea de Lope de Vega, y añade: "La Antequera de hoy, más cuidadosa de su honra literaria, rinde un homenaje justísimo de admiración y afecto a las letras patrias en la persona de Victorina Saenz de Tejada, dando a la estampa la colección de sus primeras poesías." (Trinidad de Rojas, Prólogo en Victorina Saenz de Tejada, *Poesías,* Granada, Imp. de Otero y Cía., 1865, p. iii.)

cultura decimonónica. Al otorgar a las españolas la autoridad de escribir *como mujeres* (cosa bastante nueva, porque antes de este siglo las mujeres escribían *a pesar de ser mujeres*), el romanticismo proporcionaba una liberación sólo relativa. Los textos producidos bajo el signo de esta autorización revelan que escribir como mujer tenía aspectos problemáticos. Una de las corrientes más prometedoras del feminismo contemporáneo nos enseña que *ser mujer* no es un hecho natural y biológico, anterior a toda actuación. Una exposición cabal de esta línea de crítica feminista se encuentra en el libro de Judith Butler, *Gender Trouble (Disturbios del género),* donde mantiene que el género sexual es una construcción, no un hecho; es decir, que la identidad sexual se produce en las expresiones que se interpretan como evidencia de algo anterior, un sexo.[8] La mujer, entonces, es una categoría cultural, constituida por la cultura a través de sus sistemas simbólicos y discursivos. Según esta manera de enfocar la cuestión, escribir como mujer supone crearse en el texto como sujeto femenino, utilizando los códigos y las estructuras simbólicas que designan la identidad femenina en una cultura y época dada. En el siglo XIX los códigos de la feminidad ejercían una influencia fuertemente inhibitoria para quienes intentaran conformarse con ellos.

Como han mostrado especialistas feministas como Alicia Andreu, Bridget Aldaraca, y Alda Blanco,[9] a mediados del siglo XIX se estaba formando en la cultura dominante española una norma poderosa y estrictamente limitada de la feminidad, un modelo de ser mujer al que varias representaciones de la época llamaban "el ángel del

---

8. Véase Judith Butler, *Gender Trouble: Feminism and the Subversion of Identity,* New York, London, Routledge, 1990, esp. pp. 7-25.
9. Véanse las obras citadas en la bibliografía.

hogar."[10] Este modelo designa la vida doméstica como el campo propio y natural de la mujer; supone que la mujer ha nacido para amar a su familia y a Dios y para sacrificarse al bienestar de los padres, el marido, y los hijos. Al identificarse como mujer, toda escritora tenía que situarse en relación a este modelo y apelar a los códigos que lo constituían. Desde el principio las poetas románticas tenían que asegurar a sus lectores que podían seguir siendo fieles a las obligaciones de su sexo. Al elogiar el libro publicado por Josepa Massanés en 1841 —el primer tomo de poesía publicado por una mujer en la época romántica— Tomás Rodríguez Rubí, por ejemplo, advertía que "nos parece que la emancipación intelectual de la mujer ofrece graves inconvenientes sociales".[11] Anticipando este tipo de reacción, la poeta ya había afirmado en el "Discurso preliminar" de sus *Poesías* que las normas de conducta de las mujeres no sufrirían con el cultivo de las letras:

> Cuánto más cultivado sea el talento de la mujer, más conocerá las obligaciones que por la naturaleza y la sociedad le fueron cometidas, conocerá mejor el lugar que la corresponde en el mundo, y no haya cuidado; ella irá a ocuparle sin necesidad de enseñárselo. (pp. xiii-xiv)

Las poetas que se apresuraban, como mujeres, a hacer uso de la autoridad para escribir, otorgada por el culto romántico a lo espontáneo, se encontraban metidas en un proyecto difícil y contradictorio: tenían que construir en

---

10. El término se consolida con la publicación de *El ángel del hogar,* "obra moral y recreativa dedicada a la mujer", por Pilar Sinués (1859). Más tarde, entre 1865 y 1869, ésta dirige una revista del mismo nombre, y en 1874, Ángela Grassi publica *El ángel del hogar: Estudios morales acerca de la mujer.*

11. "*Poesías* de Josefa Massanés", *Revista de Teatros,* 1 sept. 1841, p. 24. El libro reseñado se publicó en Barcelona, Imp. de J. Rubio, 1841.

el texto una identidad femenina regida por normas estrictas como si fuese una expansión natural del alma. Por una parte, para escribir como mujer, la poeta tenía que manifestar en su escritura las mismas características exigidas de ella en el campo social. Debía expresar los rasgos subjetivos que se compaginaban con su función doméstica —el amor tierno y sentimental, la sensibilidad ante la belleza natural o el padecimiento humano, una fantasía graciosamente decorativa, una religiosidad arraigada y una inocente ignorancia del mundo y de la carne. La feminidad doméstica no concedía a la escritora ninguna autoridad para expresar sentimientos egoístas, deseos sexuales o para explorar ambigüedades morales.

Impulsadas por la estética romántica y contenidas por la definición cultural de la feminidad, las poetas del siglo XIX se vieron obligadas a acatar las normas de su sexo en el mismo acto lírico de desahogo supuestamente espontáneo. En el resbaladizo proyecto de construir con palabras un yo poético natural que no transgrediese nunca los límites de lo femenino, les era necesario mucho arte. Aunque las expresiones líricas de las escritoras de este periodo se particularizaban hasta cierto punto, está claro que participaban todas —salvo un par de excepciones— en la elaboración de un lenguaje poético común. Los textos que se recuperan en esta antología revelarán tanto la diversidad y complejidad de los discursos que manejaban las poetas del siglo pasado como los límites dentro de los cuales se esforzaban para formar una identidad a la vez poética y femenina.

Las obras presentadas aquí muestran no tanto una modalidad surgida de una hipotética posición esencial de la mujer frente al lenguaje, sino una práctica poética colectiva que respondía a presiones y oportunidades históricas. Es perceptible la evolución de esta práctica en el curso de

ıs seis décadas que median entre 1840 y el fin de siglo,
esenta años en los que España sufre los trastornos de una
ıodernización penosa y conflictiva.

Durante este tiempo tres generaciones llegan a su ma-
urez en condiciones bien distintas. La primera genera-
ión, la que estableció las pautas del lenguaje romántico
emenino en España, nació durante la Guerra de Inde-
endencia o sus secuelas y empezó a escribir en la época
e las primeras reformas liberales. La segunda, nacida du-
ınte estas reformas y formada en los años revoluciona-
los de los 1860, heredó tanto unos modelos poéticos
ɔmo la triunfante norma femenina del *ángel del hogar.*
Jegando a la madurez ya en tiempos de la Restauración,
ı tercera generación, beneficiaria de los logros de sus an-
ecesoras y también de nuevas corrientes culturales, pudo
ɔurar las posibilidades del romanticismo femenino hasta
ɔmper sus moldes. Esta antología divide a las escritoras
ɾesentadas en tres grupos de acuerdo con su fecha de
acimiento: así queda más clara la trayectoria diacrónica
-la condición histórica— de lo que podemos llamar la
ɾadición romántica femenina.

. La primera generación:
forjando un lenguaje poético

El proceso de forjar un lenguaje poético capaz de aco-
ıodarse a las exigencias sociales y artísticas comienza en
ı década de 1840 con la obra de Gertrudis Gómez de
ᴧvellaneda, Josefa Massanés y Carolina Coronado, todas
llas nacidas entre 1811 y 1821. Basándose en las pautas
ɔmánticas que encuentran en Byron, Hugo, y preferen-
ɛmente Lamartine, y en el neoclasicismo sentimental es-
añol de Meléndez Valdés, estas poetas conforman los

modelos de subjetividad lírica que regirán la mayor part
de la producción poética femenina hasta fin de siglo. Es
tos modelos, influidos por normas impuestas a las poeta
españolas desde los siglos XVI y XVII,[12] no manifiestan d
manera directa la pasión erótica que era fundamental e
la poesía romántica masculina; en su lugar enfatizan l
ternura sentimental dirigida a los miembros del círcul
doméstico —padres, hijos, hermanos, amigos y amigas—
o los misteriosos movimientos del amor a Dios. En su
Poesías (1841) Josepa Massanés, por ejemplo, se repre
senta o bien como una voz narradora distanciada de la
emociones descritas, o como hija afectuosa y sensible. E
"Amor", sin embargo, elabora en primera persona feme
nina unos deseos amorosos activos, rechazando el pape
de objeto y reclamando para la mujer cierta fantasía erót
ca, aunque atenúa esta transgresión de la norma al hace
del amado un sueño ideal no realizable.[13] Coronado y Gó
mez de Avellaneda se muestran más tentadas que Massa
nés por el byronismo y buscan otras soluciones para so
tear la incompatibilidad entre la feminidad normativa y e
yo típico de la modalidad byrónica, desmesurado en su
deseos y en su relación narcisista con el mundo. En s
poesía se da muchas veces un yo poético escindido entr
el deseo de imponerse o de liberarse y la identificació
con los lazos afectivos propios de la mujer. Para expresa
esta tensión, Coronado recurre con frecuencia a la image
de unas alas que tiran contra un peso inmóvil, como e
águila sujeta a la roca al final de "Último canto". Por s
parte, Gómez de Avellaneda representa el deseo erótic

12. Véase la introducción de Ana Navarro a la *Antología poética de escr*
toras de los siglos XVI y XVII, Madrid, Castalia, 1989, pp. 51-52.
13. Para un comentario sobre la inversión de los papeles sexuales en es
poema, véase Ricardo Navas Ruiz, Introducción, *Antología poética* de Ma
ría Josepa Massanés, Madrid, Castalia, 1991, p. 25.

omo elemento autodestructivo que anonada el ego autó-
omo de la mujer. La problemática de la subjetividad
poética femenina planteada por estas poetas fue dando
orma a lo largo de las décadas de 1840 y 1850 a un reper-
orio de temas e imágenes en cuya elaboración también
olaboraban las otras poetas de su generación. Allí busca-
an las literatas los modelos de cómo verter en poesía sus
xpansiones del alma sin poner en peligro su identidad de
nujer virtuosa.

. La auto-representación

Entre las temáticas menos arriesgadas brindadas por el
omanticismo se encontraba la naturaleza, como escena-
o y como almacén de imágenes: mientras lo social podía
er campo escabroso para una señorita bien educada, la
sociación rousseauniana entre la naturaleza, la infancia y
a inocencia casi garantizaba la bondad de un alma feme-
ina que se extasiaba ante un paisaje natural. No existe
bro de poesía escrito por una mujer en esta época que no
enga su canto a una flor, a un pájaro, al amanecer o a la
uesta de sol y son muy pocos los que no ofrecen una
aracterización poética de las cuatro estaciones. Las
nuestras incluidas en esta antología son una mínima parte
el corpus total de este género. Las mariposas, las tórto-
as y los ruiseñores de Gómez de Avellaneda (en poemas
o presentados aquí) y las palmeras, los lirios y las ama-
olas de Carolina Coronado establecieron las posibilida-
es de esta clase de imágenes. Fueron utilizados casi siem-
re para sugerir la sensibilidad inocente del sujeto lírico,
omo es el caso tanto de Dolores Cabrera y Heredia,
uien establece en "A una violeta" un paralelo entre la
nodesta flor y el amor recatado que siente la poeta, como
e Faustina Sáez de Melgar, perteneciente ya a la segunda

generación, quien en "El crepúsculo vespertino" hace
alarde de la delicada sensibilidad estética que le hace pre
ferir la luz crepuscular al resplandor del mediodía. Lo
poemas de Coronado, sin embargo, ofrecían modelos d
una autorrepresentación más compleja, capaz de ser leíd
de otro modo. "El girasol", por ejemplo, poema que em
plea un procedimiento metafórico en que la flor represen
ta a la mujer, resalta en el plano explícito los efectos nega
tivos de la calurosa luz de mediodía que el girasol sigu
con una pasión autodestructiva, mientras en otro plan
menos evidente sugiere la posibilidad de interpretar la pa
sión de la flor como la aspiración, fatal en la mujer, a l
gloria artística representada por Apolo, el dios del sol
de la poesía. En otro poema, "Rosa Blanca", Coronad
dramatiza los efectos enajenantes sufridos por el sujet
femenino al verse objetivizado a través del juego metafó
rico que reduce a la mujer a un objeto natural como un
flor: Rosa Blanca, llamada "suave rosa" por un poeta
vaga "sola, muda y abismada" por la arboleda, incapaz d
oír, ni ver, ni meditar. Las otras poetas de la generació
de Coronado, no obstante, no podían o no quisieron se
guirla en la exploración de ciertas posibilidades irónica
de las imágenes florales y naturales. Será Rosalía de Cas
tro quien dará un giro nuevo a esta clase de figura poétic

Las poetas hallaban otro importante modelo de aut
rrepresentación en el género romántico de la autobiogra
fía poética. Aunque podían encontrar varios modelos d
reflexión sobre el desarrollo temporal del alma en Lamar
tine, poeta francés al que leían e imitaban mucho, la
poetas españolas tenían más a mano en la obra de Espron
ceda una pauta que les servía muy bien. En "A una estre
lla" y "Canto a Teresa" este poeta había cantado su evolu
ción emocional desde una inocente e ilusionada infanci
hasta las desilusiones y los dolores sufridos en el contact

18

con un mundo degradado. Sobre este paradigma básico se plasmaron decenas de poemas escritos por mujeres en los que narraban la historia de su vida en términos de la pérdida del paraíso infantil cercano a una naturaleza vivificada por la imaginación. Una interpretación interesante de este género se ve en "A él" (que empieza con el verso "Era la edad lisonjera") de Gómez de Avellaneda. Aquí hace el papel de Luzbel la imagen ambigua de un hombre que aparece ante la poeta en algo parecido a un rapto místico:[14] la consecuencia de esta revelación es que el sujeto poético es arrastrado por una fatal atracción fuera del espacio edénico de su infancia al mundo inseguro y peligroso de la sexualidad. Pocas poetas, sin embargo, se atrevieron a ser tan explícitas a la hora de presentar los motivos de la caída en la desilusión en un poema de este tipo. La feminidad normativa exigía evitar la temática erótica y social del modelo esproncediano. Cuando querían sugerir que el desengaño había sido efecto de una experiencia sexual, casi todas las poetas atribuían la historia subjetiva a otra mujer o a un elemento natural asociado con la mujer, como hace Amalia Fenollosa en "A una flor", una manifestación muy temprana de este procedimiento. Al utilizar la primera persona para narrar la trayectoria hacia la desilusión, muchas mujeres se valían del modelo religioso del desengaño como toma de conciencia de una realidad inevitablemente corrompida. De esta manera la desilusión resultaba, no de una experiencia directa del mundo que podría empañar su pureza de mujer virtuosa, sino del mero hecho de la maduración femenina: de acuerdo con el estereotipo normativo del ángel

14. Véase el artículo de Lee Fontanella, "Mystical Diction and Imagery in Gómez de Avellaneda and Carolina Coronado", *Latin American Literary Review* 9 (1981), pp. 47-55.

del hogar, la mujer verdadera no espera más que sufrimiento en este mundo.

Una consecuencia de la feminización del modelo autobiográfico romántico, sin embargo, apuntaba hacia la crítica de la misma norma femenina. Si la maduración de la mujer conlleva la pérdida de las esperanzas juveniles, es casi inevitable sacar la conclusión de que es la misma condición de mujer la que roba a la vida su aspecto bello. Las manifestaciones más interesantes de lirismo autobiográfico entre las poetas del siglo XIX llegan, en efecto, a cuestionar ciertas limitaciones impuestas a la mujer —sobre todo las trabas a la expresión. En este sentido es típico en su argumento básico, si no en los prolijos detalles particulares, el largo trozo del poema "Recuerdos y pensamientos" en que Vicenta García Miranda cuenta la trayectoria de su vida hasta el momento en que comienza a escribir poesía. Tras una primera infancia representada como idilio, esta poeta, cuya vida transcurrió en una pequeña aldea extremeña, experimentó el paso hacia la edad adulta como una progresiva privación: "¡Ay! tantas privaciones, tantas penas, / tantos del corazón pesos fieros, / del árbol de mi vida marchitaron / los que ya prometía frutos bellos". Pero al darse cuenta, leyendo los versos de Carolina Coronado, de la posibilidad de que una mujer pudiera ser poeta, empezó a escribir: "Desde entonces mi ser no se resiente / de aquella represión del pensamiento, / pues ya libre se tiende por los prados, / ya libre de los aires sube al cielo [...]." Otra manifestación conmovedora, aunque no tan rica en pormenores y reflexiones reveladores, se encuentra en el poema "La infancia y la adolescencia" por María Verdejo y Durán, poeta que también pasó la mayor parte de su corta vida en una aldea remota. Este poema es más explícito al presentar el papel asignado a la mujer como el impedimento principal a la soñada liberación a

avés de la escritura: "resígnate con tu suerte, / será cru-
a, será fuerte, / pero has nacido mujer" le avisa la voz de
 realidad social. Sólo la intervención no explicitada de la
ersona a quien se dedica el poema permite a la narradora
lir del estrecho círculo de su destino femenino, resol-
iendo de manera abrupta el conflicto evocado. En "Últi-
o canto", poema que probablemente sirvió de modelo al
e Verdejo,[15] Carolina Coronado se niega a resolver el
onflicto. Aquí, como en el poema de la otra poeta, el
undo natural de la infancia —las "campiñas" que cele-
raba en su primera poesía— resulta ser un ambiente de-
asiado restringido para la mujer adulta, que no puede
mpliar sus horizontes porque su "espíritu de poeta" que-
a sujeto a sus "plantas de mujer". A falta de una resolu-
ón positiva, concluye el poema con una imagen de as-
xia: "Perece el insecto ahogado / sin más aire en su
nal."

Para las poetas que escribían en las décadas de los cua-
enta y cincuenta, la tensión entre el deseo de la libera-
ión representada por la escritura y las normas sociales
ue vedaban la actividad intelectual de la mujer se mani-
estaba en un impulso de dramatizar en su poesía la legiti-
ación de su vocación. Como hemos visto, los poemas
el subgénero autobiográfico solían concluir la narración
on la llegada a la escritura, de modo que la experiencia
ital constituyese una justificación del acto de escribir.
ste es el caso de "Recuerdos y pensamientos" de García
Miranda, que aduce las experiencias de su infancia como
rueba de que *naciera* poeta. Otras poetas, menos inclina-
as a la modalidad confesional, legitimaron su vocación

15. En *Ecos del corazón*, el libro de poesías de Verdejo que se publicó en
853, se encuentra un poema largo que parece ser dirigido a Coronado,
unque no la menciona por nombre. La presenta como una diosa o musa
ue inspira a la poeta.

utilizando procedimientos alegóricos. El ejemplo más ela
borado es el de la poeta gaditana Rosa Butler. En 184
publicó *Mi lira. Fantasía,* donde la poeta se representa e
una extática contemplación de la naturaleza, la cual e
interrumpida por un ángel que viene mandado por Dios
ofrecerle una lira, no para que aspire a competir con lo
varones ilustres, sino "porque la lira en tus dolores / t
sirva de consuelo". Cuando el poeta advierte que "de n
es casi ignorada / de Roma y Grecia la soberbia historia"
el ángel le da el mandato poético al que casi todas la
poetas de esta época obedecieron: "Canta del cielo / de l
tierra, las aves, y las flores; [...] / y canta tus dolores, / la
impresiones canta que has sentido". Vemos claramente
alegorizadas aquí una vez más las condiciones bajo la
cuales el consenso cultural permitía la expresión literaria
a la mujer: que le sirviera de consuelo y no como un me
dio de buscar la gloria, y que se restringiera a un camp
limitado definido como propio de la mujer —una natura
leza idealizada y los sentimientos íntimos.

b. El amor

Un gran tema del romanticismo era el amor-pasión,
aquí la presión de la norma femenina produjo diferencia
bien evidentes entre poetas hombres y mujeres. Igual qu
en el Siglo de Oro, la española del siglo XIX tuvo que tra
tar el tema amoroso con mucha reserva.[16] A pesar de
precepto romántico que manda expresar los sentimiento
íntimos, no hay un gran número de poemas amorosos en
tre el corpus producido por las escritoras del periodo qu
nos ocupa. La mayor parte de esta poesía impresiona má

16. Véase Ana Navarro, Introducción, *op. cit.,* p. 51: "El pundonor ex
gido por la sociedad a la mujer española la obligaba al fingimiento de ur
exagerada virtud, que, sin duda, no siempre tenía."

por el convencionalismo de su lenguaje que por su fuerza emotiva. Hasta en un poema al parecer tan ingenuo y poco receloso como "Un deseo de amor", Amalia Fenollosa, una de las primeras románticas, no se atreve a apartarse de las frases hechas —los anhelos por el amado ausente se traducen como "deseos fervorosos", "lucha dolorosa", "corazón sediento". Las desigualdades de este texto revelan la lucha de la poeta por encontrar un lenguaje apropiado a su sexo para expresar sus fuertes emociones amorosas. Aunque la poesía amorosa que Carolina Coronado incluye bajo la rúbrica "A Alberto" en sus *Poesías* de 1852 es probablemente la más lograda de este tipo, no deja de tener cierto convencionalismo. La excepción más importante es Gómez de Avellaneda. "A él" de esta poeta es más arriesgado que la poesía amorosa de las otras románticas en tanto que evoca vívidas imágenes de un sujeto femenino arrastrado irresistiblemente por el poder erótico de un hombre. "A***" inédito hasta 1850, parece ser una recuperación de la autonomía del yo frente a la pasión inspirada por "***" —o, por lo menos, un intento de recuperación, ya que los impulsos encontrados siguen minando la frágil coherencia del sujeto lírico. La construcción del yo femenino como un sujeto cuya autonomía es precaria en estos dos poemas es muy interesante. Otra poeta que revela sentimientos eróticos poco conformes con la norma es Ángela Grassi. A pesar de su propaganda a favor del ángel del hogar como modelo femenino, no logra excluir una pasión poco angélica de algunos de sus poemas amorosos. Es tentador atribuir a su formación en una cultura no española, en Italia, sus declaraciones de entrega pasional ("¡No es hoguera, es volcán el que me inflama!" dice en "Sin esperanza"), tan distantes de las recatadas expresiones de las españolas nativas. O tal vez es el ejemplo de Avellaneda —tampoco nacida en España— que le anima. De todos modos, "La despedida" de Grassi sigue muy de cerca el modelo de "A***" al proyectar un sujeto femenino que ya ha superado la pasión por un hombre egoísta y demuestra la superioridad moral de la mujer caritativa que sabe perdonar.

En contraposición a la cautela con que las románticas expresaban los sentimientos amorosos hacia un hombre, podemos señalar la intensidad y riqueza de matices con que escribían sobre sus relaciones con otras mujeres. Existen centenares de poemas dedicados por una poeta a una amiga. A pesar de ser un género casi obligatorio para las poetas, que tenían que escribir muchos versos para los álbumes de amigas o conocidas o para liquidar alguna deuda social, mucha de esta poesía da la impresión de una viva sinceridad: en estos poemas sí podemos creer que la persona que los escribe se desahoga, expresando sus sentimientos profundos. Como ha observado Marina Mayoral, la gama de tonos en este subgénero femenino va desde la solidaridad fraternal con la otra mujer hasta una emoción que difícilmente se distingue del erotismo.[17] Se estableció en los primeros años de la década de 1840 la práctica de escribir poemas a otras poetas, invitándolas a participar en el proyecto de auto-realización lírica o alabando su producción como inspiradora; en las décadas siguientes esta práctica se continuó entre, por ejemplo, Faustina Sáez y Pilar Sinués, y Sofía Casanova y Blanca de los Ríos. Obviamente la posibilidad de contar con la comprensión de otra persona que compartía la empresa poco comprendida de la escritura femenina despertaba vivos deseos de expresar el agradecimiento y cariño a muje-

---

17. Véase "Las amistades románticas: confusión de fórmulas y sentimientos", en *Escritoras románticas españolas,* ed. de Marina Mayoral, Madrid, Fundación del Banco Exterior de España, 1990, pp. 43-71.

res que muchas veces nunca había conocido personalmente la poeta.[18] También la importancia de la intimidad entre mujeres en la vida cotidiana queda muy patente. La mayor parte de la vida de la mujer de clase media transcurría al lado de otras mujeres en el círculo doméstico; por eso no puede sorprendernos la intensidad de las relaciones entre ellas. Dolores Heredia y Cabrera expresa esta intensidad en términos que rayan en lo sensual y erótico en "Un pensamiento a mi amiga doña María de la Concepción Ozcáriz":

> si pudiese contemplar
> tus ojos negros y bellos,
> y tu frente y tus cabellos
> arrebatada besar,
> y el viento hiciese mover
> tus rizos sobre la mía...
> el placer me mataría,
> ¡si es que nos mata el placer!

Como podría esperarse de amistades tan cargadas de pasión, no todas las emociones son positivas: hay buen número de poemas que expresan el dolor, el despecho, o los celos producidos por la distancia física o emocional de la amiga querida.

Tal vez como consecuencia de la importancia de los lazos

18. Faustina Sáez de Melgar expresa estos sentimientos en su prólogo al libro de poesía de Eladia Bautista y Patier, a quien no conocía personalmente: "[S]edúcenme irresistiblemente las obras que llevan al pie una firma de mujer, impidiéndome ver sus defectos las simpatías que desde luego me inspira la autora con sólo pertenecer a mi sexo y haber tenido el valor de lanzarse con nosotras a los azares de una condición poco halagüeña.[...] Las que, atrevidas por demás, nos hemos lanzado a la arena literaria y periodística, no ha sido sin soportar todo género de amarguras y decepciones, animándonos únicamente ese impulso misterioso, que pone la pluma en nuestra mano." Prólogo, *Poesías,* Eladia Bautista y Patier, Madrid, Imp. de Juan José de las Heras, 1870, pp. vi-vii.

con otras mujeres por una parte y, por otra, de los tabúes sociales que impedían la expresión directa del deseo heterosexual en las mujeres, las poetas de esta generación a veces situaban a una figura femenina en la posición del inalcanzable objeto de deseo tan tópico en la literatura romántica. Este es el caso de "A una sombra" de Manuela Cambronero. La figura esquiva tras la que corre la poeta tiene un ademán femenino y hasta maternal: "Sombra idolatrada de andar cauteloso, / de pálida frente, de triste mirar, / que enjuga amorosa mi llanto angustioso / más nunca su acento me deja escuchar". Algo muy parecido pasa en el poema de Cabrera y Heredia titulado "Ilusión". La lectura de este poema en el contexto biográfico proporcionado por el prólogo del libro hace evidente que la "sombra querida" que representa la ilusión en el poema es la sombra de la madre recién muerta de la poeta, figurada como ángel con alas que desciende del cielo para consolar a la hija. El sujeto lírico responde con una intensidad casi erótica a la presencia imaginada de la figura materna:

> apoyaste tus labios en los míos
> y un beso resonó.
> Al sentir el perfume de tu aliento,
> se estremeció mi ser;
> mis mejillas de llanto se inundaron,
> pero era... de placer.

Si por una parte, cada escritora de esta época dedicaba un poema o más a su madre casi como una demostración obligatoria de cariño filial, por otra, textos como éste sugieren que el lazo entre hija y madre tenía una importancia especial y que su ruptura por la muerte o la separación podía colocar a la figura de la madre en el lugar del bien perdido tan lamentado por la poesía femenina romántica.

La líbido femenina encontraba sin duda un cauce de

xpresión indirecta en el romance histórico y orientalista,
ubgénero consagrado en el romanticismo español por el
)uque de Rivas. Más influidas aún por el giro dado por
Zorrilla a este género, casi la totalidad de las cultivadoras
el romance histórico muestran una predilección por
suntos amorosos. A causa de la habitual extensión de los
entenares de leyendas orientalistas versificadas por mu-
:res, sólo reproducimos dos en esta antología. "La cauti-
a" de Manuela Cambronero es representativa en tanto
ue sugiere que las mujeres encontraban en la narración
e amores apasionados entre moros y cristianas un campo
onde podían dejar correr relativamente libre la fantasía
rótica, desplazada a un escenario inverosímil y remoto
n el tiempo. Por otra parte, los motivos dominantes de
ste género —el cautiverio, el harén— cargan ciertos poe-
ias de este tipo de un posible significado cripto-feminis-
a.[19] Es, por ejemplo, difícil leer hoy estos versos finales
e "La cautiva" de Cambronero sin pensar que pueden
plicarse a la situación de la poeta y sus lectoras: "son
oradas mis cadenas / pero al fin... cadenas son."

. Las cuestiones políticas

El romanticismo fue un movimiento altamente político,
asta en su culto de la subjetividad. Sea bajo el signo libe-
al o bajo el conservador, sea tematizando las relaciones
e poder o negándose a tematizarlas, la escritura románti-
a manifestaba su preocupación por cuestiones de la vida
ocial y colectiva. A pesar de la presión inhibitoria del
iodelo normativo de la domesticidad femenina, las poe-
as románticas de la primera generación, formadas en una
poca de turbulencia revolucionaria, no quedaron ajenas

19. Para una lectura algo distinta de este género en la obra de Josepa
Iassanés, véase Ricardo Navas Ruiz, Introducción, *op. cit.*, pp. 29-30.

a este aspecto del movimiento en que participaban. Po
una parte, la obra de Espronceda fue hasta el fin del sigl
un importante referente intertextual para muchas d
ellas; le citaban a menudo en sus epígrafes o imitaban d
rectamente su poesía de tema social. "El mendigo" de E
pronceda inspiró imitaciones que demuestran muy bien l
diferencia que tenía que marcar la poeta con respecto
los modelos masculinos: en vez de condenar con el cinis
mo del mendigo esproncediano la hipocresía de una socie
dad corrompida, los mendigos de las poetas románticas
sirven para afirmar el consuelo del amor divino para lc
sufrimientos procedentes de los fallos sociales inevitables
Incluimos aquí un ejemplo muy típico de Enriqueta Lc
zano de Vílchez. Al grupo de figuras marginales establec
do por Espronceda añadieron las mujeres una propia —e
huérfano, o a veces el expósito, para quien Dios llega
suplir la carencia de padres y hogar terrenales. En todc
estos casos el mensaje coincide con lo que propone l
ideología del ángel del hogar como misión de la mujer
crear en la tierra —lugar donde la modernidad conllev
males sociales necesarios— el hogar doméstico, recint
donde se conservan y propagan los valores divinos.

En el contexto de la gran pugna política entre las dc
Españas que caracteriza el siglo XIX, este mensaje es fran
camente conservador.[20] Sin embargo, su interpretació
resulta ser un poco más complejo si cambiamos el enfoqu
para traer al primer plano las relaciones entre los género
sexuales. Desde esta perspectiva, la ideología basada e
la imagen del ángel del hogar da a la mujer cierta autori
dad frente al hombre desde la cual no sólo puede afirmar

20. El estudio de Andreu (*op. cit.*), al describir los rasgos fundamentale
del ideal femenino asentado en la literatura popular de la época, deja bie
clara la correspondencia de este ideal con los intereses de la Iglesia y l
burguesía conservadora. Véanse las pp. 69, 90-91.

se como autora, sino también puede protestar ante ciertas injusticias sociales. La institución que casi con unanimidad denunciaron las poetas hispanas del XIX —como sus hermanas norteamericanas e inglesas— era la esclavitud. Si este fenómeno tenía su aspecto activista en la Sociedad Abolicionista Española, cuyos líderes incluían a algunas de las poetas más importantes de esta primera generación,[21] tenía también sus facetas literarias, entre las cuales se encuentran los numerosos cantos o monólogos poéticos del esclavo escritos por mujeres. "La canción del esclavo" de Rogelia León, el ejemplo reproducido aquí, sigue fielmente la pauta esproncediana tanto en la versificación como en la denuncia de una sociedad injusta desde la marginalidad. Al tomar esta actitud de denuncia, la poeta se apoya sin duda en el modelo de identidad femenina que autorizaba a las mujeres a preocuparse por los débiles como extensión de su función maternal. Por otra parte, ejerce esta autoridad en relación a una institución bastante alejada de la estructura social inmediata de España. Y sin embargo, los tonos apasionados en que se expresan la pena y la ira del esclavo sugieren que se ha activado en la imaginación poética esa identificación —ya un lugar común en ciertos discursos— de la posición de la mujer con la del esclavo.[22] Así, sería difícil negar la existencia

---

21. Concepción Arenal y Carolina Coronado fueron dos miembros destacados de esta sociedad, a la que pertenecían otras escritoras, entre ellas Faustina Sáez de Melgar.

22. Desde el siglo XVIII, varios planteamientos radicales —recogidos por las primeras feministas como Mary Wollstonecraft o por los socialistas utópicos como Fourier— habían hablado de "la esclavitud de la mujer". Hasta tal punto se hizo común esta matáfora que aparece con toda naturalidad en el lenguaje de la primera generación de escritoras del siglo XIX español. Véase *Las románticas...*, *op. cit.*, pp. 89-90 y el poema de Vicenta García Miranda, "A las mujeres españolas" en esta antología.

de un significado criptofeminista en este subgénero abolicionista.[23]

Tal hipótesis cobra más fuerza si tenemos en cuenta la corriente de explícita protesta proto-feminista en la poesía de la década de 1840, una extensión lógica del sentimiento de opresión expresado en algunos de los poemas autobiográficos que examinamos arriba. En muchos poemas escritos entre 1844 y 1848, que no podemos incluir en esta antología, Coronado se constituía en portavoz importante de esta tendencia. Era seguramente su ejemplo el que inspiró piezas como "A las españolas" de Vicenta García Miranda, cuyo optimismo con respecto al próximo triunfo de las reivindicaciones de las mujeres refleja su percepción de una toma de conciencia por parte de un gru-

---

23. El gran ejemplo narrativo es *Sab,* donde Gómez de Avellaneda establece un modelo importante de romanticismo femenino. Los dos ejemplos recogidos aquí fueron publicados en la década de los 1850. Después hubo otra oleada de poemas sobre la abolición de la esclavitud, muchos de ellos escritos para el concurso poético de que habló Faustina Sáez de Melgar en su prólogo a los poemas de Eladia Bautista y Patier. "Agitábase en Madrid, por la primavera del año 1866, la idea de la abolición de la esclavitud. El deseo de borrar de nuestra España esa gran injusticia, ese crimen nefando, excitaba la caridad de todos los corazones amantes del buen nombre de su patria. El instinto de independencia en los hombres y el sentimiento de humanidad en las mujeres, les hizo formar un santo lazo, congregándose para trabajar unidos en pro de la santa causa, exaltando el sentimiento público y preparándole para la abolición.

La sociedad abolicionista anunció un certamen poético que tuvo efecto el 21 de mayo de 1866, en cuyo palenque literario lucharon las más ilustres plumas. No fueron las poetisas las últimas en acudir con su grano de arena a la noble empresa; una de las más ilustres, Concepción Arenal, obtuvo el premio rivalizando todas a porfía en una causa tan santa. El corazón de la mujer, tierno de suyo y delicado, no podía menos de acoger con entusiasmo la idea de proteger al oprimido, de tender la mano al débil, de redimir al esclavo" (*op. cit.,* pp. xiii-xiv). Se ve claramente en las palabras de Sáez de Melgar la justificación del activismo político femenino en términos de la imagen normativa de la mujer doméstica, pero los textos poéticos dejan ver también un sentido criptofeminista.

po de mujeres que publicaban y se carteaban en aquel momento.[24] Coronado misma era más pesimista, como deja bien claro el sarcasmo de su romance "Libertad". En este poema ofrece una crítica muy aguda de la exclusión de las mujeres del proyecto liberal con el que se identifican tanto los modelos literarios (Espronceda y el Duque de Rivas) como los padres de muchas de las poetas románticas:

> Los mozos están ufanos,
> gozosos están los viejos,
> igualdad hay en la patria,
> libertad hay en el reino.
> Pero os digo, compañeras,
> que la ley es sola de ellos,
> que las hembras no se cuentan
> ni hay Nación para este sexo.

Las más lúcidas feministas de esta generación, Concepción Arenal y Gertrudis Gómez de Avellaneda, reservaron sus análisis más duros de la situación social y cultural de la mujer para el género ensayístico, pero su feminismo dejó sus huellas en verso también.[25] En el conocido poema "El porqué de la inconstancia" Avellaneda rebate la ideología de diferencia sexual con que su sociedad justificaba la restricción de las actividades femeninas, En algunas de sus fábulas para niños, Arenal, que rechazó todo el aparato del romanticismo y sólo utilizó el verso con fines didácticos al estilo dieciochesco, dió forma alegórica a algunas de las dificultades de que se quejaban las poetas.

24. En *Las románticas...* trato con más extensión la conciencia protofeminista de la "hermandad lírica", *op. cit.,* pp. 84-91.
25. Véase sobre todo *La mujer del porvenir* de Arenal, publicado primero en Sevilla en 1869, y "La mujer" de Avellaneda, en *La América,* Madrid, de abril de 1862, p. 10.

Aunque la moraleja explícita de "Las dos perras", po
ejemplo, condena la resistencia a la innovación en gene
ral, es evidente la referencia a la mujer en la historieta d
una perra que escandaliza a su compañera porque quier
dar una buena educación a sus hijos a pesar de que nunc
antes se han instruido los perros.

No todas las poetas de este período compartían los sen
timientos de protesta. Josepa Massanés, según Ricard
Navas Ruiz "posiblemente la primera mujer dentro de l
tradición literaria hispana en plantearse el derecho feme
nino a escribir" en su Prólogo a sus *Poesías* de 1841,[26] hiz
saber sus discrepancias con Coronado y sus seguidoras e
"La mujer", escrito en 1845. Afirma la norma predomi
nante cuando dice que la mujer está por naturaleza subor
dinada al hombre:

> Y es inútil luchar contra ese dueño
> a quien Dios mismo te creó sujeta.
> La independencia femenil es sueño,
> hermoso canto en lira de poeta,
> falta, delirio, temerario empeño.

Aunque la posición de Massanés es más matizada y com
pleja que esta afirmación si consideramos toda su obra
ella da expresión aquí a la actitud que va a triunfar entr
la generación siguiente.

2. *La segunda generación: el triunfo del ángel*

Las mujeres que empezaron a escribir y a publicar entr
1850 y 1868 se encontraban en un medio cultural en el qu
la norma femenina del *ángel del hogar* reinaba con un
fuerza aún más aplastante que en las décadas anteriores.

26. Introducción, *op. cit.*, p. 18.

En este periodo de inseguridad y vacilación en la política, de frustradas iniciativas de desarrollo económico, hasta Carolina Coronado se rindió al espíritu dominante, confesando creer que "en la sociedad actual hace ya más falta la mujer que la literata. [... L]a luz que empieza a faltarnos no es la luz de las academias, sino la luz del hogar."[27] Las poetas de la nueva generación asumían un modelo de ser mujer al que ya se le había cedido cierta autoridad literaria —el terreno que habían marcado sobre todo Ángela Grassi, Josepa Massanés y Enriqueta Lozano de Vílchez. Pilar Sinués de Marco codifica el esquema dominante en un poema alegórico, "Las nubes y el viento". El viento, "rey del mundo", cede lugar en el cielo para "esas blancas nubes serenas e inocentes" porque "el grande acatar debe lo dulce y amoroso; / el fuerte, la inocencia, la calma y suavidad". En este esquema en que lo femenino funciona como complementario a lo masculino, se reserva para la mujer el espacio de los sentimientos tiernos, de la devoción religiosa, de las virtudes domésticas y de la caridad pública —y, como veremos, de cierta preocupación materna por la nación. El lenguaje poético elaborado por las primeras románticas fue aprovechado con el fin de afirmar la identificación de la poeta con la norma femenina y su consecuente autoridad en estos campos. El resultado fue algo como un mapa textual de las contradicciones y dificultades inherentes al modelo.

a. La maternidad y la muerte

Presidiendo el espacio de lo femenino en las letras se encontraba la figura de la Virgen. Ya las poetas de la primera generación habían apelado a ella, buscando su

27. "Galería de poetisas españolas contemporáneas. Introducción", *La Discusión*, 1 de mayo de 1857, p. 3.

apoyo para justificarse como escritoras. De hecho, la ple
garia a María —un ejemplo modélico se encuentra en l
"Plegaria" de Robustiana Armiño— llegó a ser un sub
género obligatoriamente representado en cualquier libre
de versos escritos por una mujer en este periodo. En la
segunda generación, Pilar Sinués sigue una lógica ya es
tablecida cuando en "A mi lira" modifica la fórmula em
pleada por Rosa Butler en un poema del mismo nombre
para montar todo un arrobamiento místico en el que des
ciende la madre de Dios entre nubes para darle la lira
diciendo "Esta es tu compañera: para siempre / consérva
le tu amor, hija querida". (También es muy interesante
este poema por la distinción que se establece entre el cul
tivo de la poesía, representado por la lira, y la escritura de
novelas, que es como Sinués se ganaba la vida: ésta se
asocia con el comercio y el mercado, donde la mujer pier
de su inocencia, mientras aquél representa la pureza de
mundo íntimo de la mujer no contaminado por el merca
do.) En efecto, la Virgen era la musa invocada preferen
temente por las poetas románticas. Se comprende fácil
mente. Además de ser objeto de devoción sincera para la
mayoría de estas escritoras, la figura de la Virgen se re
vestía de las virtudes más importantes para el modelo nor
mativo femenino: bajo su amparo las poetas se sentían
menos vulnerables a las acusaciones de inmoralidad por e
mero hecho de escribir.

La Virgen simbolizaba el aspecto más importante de la
norma femenina que las escritoras pretendían compagina
con la estética romántica que legitimaba su esfuerzo crea
tivo —la maternidad. Mantener la identidad femenina era
afirmar la prioridad de la función maternal en todos los
sentidos: querer ser madre, gozar de ser madre, sentirse
madre por encima de cualquier cosa. Josepa Massanés ya
dio en 1850 la tónica que iba a predominar en las épocas

siguientes con la publicación de "Ana: Madre del profeta Samuel" en *Flores marchitas*. En la primera parte del poema donde se queja de su esterilidad, Ana afirma que "es perdido el lugar que ocupo yo" porque "del orbe la armonía eterna / a cada objeto señaló misión, / y es más inútil la mujer estéril / que el invisible y frágil arador". Si en la primera década de poesía femenina romántica, la experiencia de la maternidad no fue muy tratada (tal vez por que muchas de las poetas no estaban todavía casadas), después llegó a ser un tema predilecto. En 1853 hasta Carolina Coronado publicó un poema "A mi hija María Carolina", lamentando el tiempo que había dedicado a la poesía como tiempo quitado a la maternidad.[28]

Si bien este imperativo de maternidad tuvo como efecto un acopio de efusiones sensibleras sobre el tema de los niños y los hijos, también produjo, como realidad vivida por todas las mujeres que escribían, un subgénero cuyos mejores exponentes todavía conmocionan —la poesía que expresa el dolor de la pérdida de un hijo. Tan común era esta experiencia en un siglo en que la tasa de mortalidad infantil permanecía muy alta, que casi todas las poetas que llegaron a tener hijos dejaron constancia en su obra de la muerte de uno o más de ellos. El escribir de este tema era un desahogo casi terapéutico, y muchas veces en su dolor la poeta sólo consiguió ensartar frases convencionales poco coherentes entre sí, como era el caso de Pilar Sinués, cuyos poemas a la muerte de su hijo no se reproducen aquí. A veces, no obstante, se lograba una expresión en que el sufrimiento se plasma en imágenes de gran efectividad. Josefa Estévez utiliza la *persona* de La Esposa, la figura en que generaliza la experiencia de la mujer, para expresarse, y así consigue distanciarse de la muerte

28. En *Revista de Ambos Mundos*, I, 1853, pp. 672-675.

de sus hijos lo suficiente para sugerir con un lirismo senci-
llo y nada retórico la desesperación de la madre afligida.
La expresión más lograda de esta experiencia se encuen-
tra, desde luego, en la poesía de Rosalía de Castro, que
comentaremos como un caso aparte. Cabe mencionar
en este lugar su poema "Era apacible el día" como una
evocación sobria y conmovedora de la muerte de su hijo
Vicente.

El hecho es que, en su papel de madre, de enfermera,
de consoladora, la mujer del siglo XIX vivía muy cerca de
la muerte. Este gran tema del romanticismo recibió, por
consiguiente, una elaboración un tanto distinta entre las
mujeres poetas que entre los hombres, que tendían a tra-
tar la muerte como abstracción o como —por cierto—
mujer. Con dos importantes excepciones —Rosalía de
Castro y Concepción de Estevarena, como explicaremos
más adelante— la muerte no tenía para las románticas esa
fascinante ambigüedad que tenía para poetas como Es-
pronceda. Los centenares de poemas que dedicaron las
poetas a la muerte de su hijo, de un niño, de una amiga,
de un pariente, de un padre, dejan constancia de que para
las mujeres la muerte era pérdida, era la ausencia irreme-
diable de una persona amada. La necesidad de encontrar
una esperanza consoladora reforzaba la fe religiosa que
fue, por otra parte, elemento obligatorio de la identidad
femenina de esta época.

b. "La esposa": un papel difícil

Como sugiere la paradójica proximidad de la muerte y
la maternidad en la vivencia del rol femenino, cumplir con
las normas de un ideal aparentemente sencillo y transpa-
rente resultaba difícil y a veces contradictorio en la prácti-
ca. Esta dificultad dejó su huella en la poesía de la segun-

da generación de románticas, tan comprometida con la feminidad normativa. El ejemplo paradigmático tal vez sea Josefa Estévez de García del Canto, quien dedicó su producción entera a la promoción del ángel del hogar como modelo de mujer. Compuso un libro de poesía, *La esposa* (publicado en 1877), como un compendio de las experiencias, más dolorosas que felices, de la mujer en su rol normativo. Quedan allí registrados todos los conflictos entre el modelo ideal y la penosa realidad: la soledad de la esposa que cifra toda su felicidad en la relación con un marido cuya vida más intensa tiene lugar fuera del círculo doméstico ("Cual tortolilla en el nido"); el conflicto entre las obligaciones filiales y matrimoniales ("Reverencia, ama a tus padres",); y la desesperación por la maternidad frustrada a causa de la esterilidad o la muerte. Influida más por la poesía de tipo popular que por la tradición femenina romántica, Estévez depuró su estilo de la retórica sentimental que caracteriza a otras de su generación como Pilar Sinués y Faustina Sáez de Melgar, y por tanto llega a plantear las contradicciones con una concisión que presta intensidad, como en este cantar:

> Mi madre tiene razón
> y mi marido también;
> mas entre tantas razones
> la mía temo perder.[29]

Un poema como "En la bella y alegre primavera" obtiene sus efectos a través del juego de contrastes entre ciertas imágenes tradicionales —primavera-invierno, cuna-tumba, calor-frío— repitiendo y enfatizando a nivel formal las estructuras de tensión que caracterizan la experiencia de la esposa. Al final de este ciclo de poesía, sin embargo,

29. *La esposa,* Madrid, Antonio Muñoz, 1877, p. 29.

Estévez se empeña en reafirmar el ideal, presentando en la conclusión a su protagonista en la imagen del ángel del hogar, madre y esposa feliz y sin problemas.

Otra poeta en cuya obra quedan manifiestas las dificultades que surgen cuando se asume el rol de esposa y madre es Patrocinio de Biedma. En "Historia de mi corazón" narra el fracaso del matrimonio como espacio de plenitud amorosa e íntima. El alma de la poeta "para el amar nacida" no encuentra en su marido "un corazón que como el mío / palpitase de fuego en su latido," y a pesar de estar casada, se encuentra terriblemente sola: "nadie ve que el calor de mi alma ardiente / se apaga entre las olas de mi llanto". Teniendo en cuenta los impedimentos a la comprensión mutua entre cónyuges (o entre amantes, si vamos a eso) en una época que mantenía tan rígidamente la separación entre la esfera de la vida de la mujer y la del hombre, no puede sorprendernos que muchas de estas poetas buscasen en su relación con otras mujeres la satisfacción de sus necesidades emocionales. Otro poema de Biedma, "Deseos. A María", dirige el deseo de plena intimidad, de la compenetración de almas, hacia otra mujer a quien la poeta quiere nada menos que "ocupar tu pensamiento / y ser, cual hoy, el alma de tu alma". Así es que sigue prosperando en esta y la siguiente generación el subgénero de poemas de amistad femenina.

Para las mujeres que por alguna razón —económica u otra— tenían pocas esperanzas de llegar a la condición de esposa y madre, las exigencias impuestas por el ideal del ángel del hogar fueron verdaderamente desgarradoras como dejan constancia unos poemas de Victorina Sáenz de Tejada. Huérfana y pobre, según el prólogo a su primer libro, vivía de la costura. Aunque luego ingresó en un convento y se dedicó a escribir poesía y dramas religiosos en sus *Poesías* (1865), publicado cuando tenía veinticua-

38

tro años, expresa sin rodeos algunos aspectos dolorosos del destino femenino. En "A una tórtola", reanuda momentáneamente la línea de protesta que casi había desaparecido con los años 1840, quejándose del forzoso silencio acerca de sus deseos y preferencias impuesto a las mujeres. Pero en "Desaliento", poema que cumple con su título, aunque expresa los sentimientos de impotencia y frustración que habían aparecido en algunas de sus predecesoras, va más allá en su escepticismo respecto a la posibilidad de expresar el tedio íntimo de una mujer en su situación: "Ni aun pintar mi abatimiento / ni mi tristeza me es dado, / que lo que siente mi alma / yo no sé cómo expresarlo". En las últimas estrofas, dirigidas al hombre a quien se dedica el poema, queda bien claro que una de las emociones imposibles de expresar es el resentimiento de quien se siente "pobre pajarillo / en mi jaula aprisionado" hacia el poeta, libre para cantar "esperanzas y amores, / gloria, nobleza, entusiasmo." Por eso, dice a su amigo bien intencionado pero poco perceptivo, "déjame a mí en silencio, / tedio cruel devorando." Es un poema interesante porque aborda el tema de la incapacidad del lenguaje para expresar los sentimientos del poeta, propio del último romanticismo, relacionándolo con la limitación que encuentra la mujer al expresarse si se atiene a las normas sociales. En el texto de Sáenz de Tejada se adivina algo que queda reprimido o callado bajo el empeño de ser ángel del hogar.

c. La madre de la nación

A pesar de que la norma femenina insistiera tanto en el espacio doméstico como ámbito exclusivo de la actividad de la mujer, la imagen de la esposa-madre fue elemento indispensable de un sistema representativo que definía no sólo la identidad sexual, sino también la nacional y por tanto, pertenecía al orden de lo público y lo político. Es cierto, como señaló Carolina Coronado ya en 1846 cuando escribió que "ni hay Nación para nuestro sexo", que el estado liberal del siglo XIX no extendió los derechos de ciudadanía a las mujeres. Sin embargo, la formación de una identidad y simbología nacional, necesaria a la formación de un estado moderno y centralizado, era tan urgente en el siglo XIX que reclamaba la participación de las mujeres tanto como la de los hombres. Desde la posición consagrada de "madre del ciudadano futuro", la poeta de esta época incluía el amor a la patria entre las emociones expresadas en sus expansiones líricas. Muchas veces —sobre todo durante el momento de la Guerra de África— tales poemas se componían de poco más que de clichés patrioteros. Faustina Sáez de Melgar llevó esta tendencia al extremo, publicando en 1859 un librito de poemas de un patriotismo exaltado y sangriento a más no poder, sin duda en la esperanza de sacar ventaja económica de los sentimientos del momento.[30]

El hecho es, no obstante, que el concepto de nación no era tan coherente y estable como la simbología patriotera intentaba dar a entender. Liberales y conservadores luchaban por controlar y definir el contenido de este concepto, mientras las diferentes nacionalidades ibéricas empezaban a reclamar su identidad cultural frente al proyecto centralista de identificar la nación con el estado central. Las poetas no se quedaron ajenas a estas contiendas. Se dan ejemplos en los que una mujer salta con brío a la arena de la política nacional con una oda como "A España libre" de Eladia Bautista y Patier, donde sigue en la

---

30. *África y España. Cantos poéticos,* Madrid, Bernabé Fernández, 1859. Estos versos animan a los guerreros españoles, pidiéndoles venganza contra los impíos que invadieron la península once siglos antes.

tradición esproncediana de "Al dos de mayo" para celebrar la revolución de 1868. Otras siguen pautas establecidas tanto por mujeres como por hombres —Josefa Massanés para Cataluña,[31] por ejemplo, o Rosalía de Castro para Galicia— para afirmar la identificación emotiva con la otra nación, la patria chica.

Es hacia el final del siglo, sin embargo, cuando aparece un poema que en vez de asimilarse a uno de los discursos nacionalistas, desarrolla un proceso de feminización de este discurso. Me refiero a "A la patria", poema publicado por otra gallega, Filomena Dato Muruais, en una colección de 1895. Insiste desde el principio en los rasgos femeninos de la "madre patria" —"¡qué bien hacen / los que madre te apellidan, / pues entre dolores / lanzaste a la luz del día / a los héroes que ignorados / en tu seno se escondían!"— y da remate a esta idea en la conclusión, figurando la patria como regazo materno. Además, no deja de incluir heroínas al lado de los héroes que menciona, ni a poner a La Latina y Santa Teresa en "la lista / de los nombres que en las letras / con la luz del genio brillan". Así que cincuenta años después de la protesta de Carolina Coronado por la exclusión de la mujer de la nación liberal, le fue posible a otra poeta concebir ese mismo espacio cultural como propiamente femenino.

d. Rosalía de Castro

Pertenece a esta segunda generación de poetas románticas Rosalía de Castro. Si bien supera a las demás en sus logros como poeta, en su poesía escrita en castellano parte del mismo lenguaje literario y de la misma tradición

31. Véase sobre el catalanismo en esta poeta la Introducción de Ricardo Navas Ruiz, *op. cit.,* especialmente "De Cataluña a España", pp. 33-37, y "Poesíes: Cataluña en el corazón", pp. 48-56.

estética que ellas. Considerar a Rosalía en el contexto de la poesía escrita por mujeres en el siglo XIX resulta revelador, tanto de las posibilidades latentes del lenguaje que todas estas poetas compartían y trabajaban, como del sentido ya convencional de algunos de los materiales poéticos que ella transformó.

En *La flor* (1857), primer libro de poesía publicado por Rosalía, se hace evidente que la poeta se inspiraba en las mismas fuentes románticas que las otras escritoras de su generación. "Un recuerdo", el poema de esta colección reproducido en esta antología, demuestra hasta qué punto los temas, las imágenes, y el estilo pertenecen a la tradición ya establecida del romanticismo femenino.[32] Toma los epítetos y las imágenes del léxico común a la mayoría de las poetas representadas en esta antología: "melodía sin nombre", "sombra fugaz", "gemido doliente", "divinal ternura", "tétrica amargura". Temáticamente también el poema sigue la pauta predominante, tratándose, por una parte, de la trayectoria desde la ilusión, suscitada por la tierna voz de un hombre, hasta la desilusión —"sueños de amor del corazón, dormid"— y, por otra, de la fragilidad de la mujer —"y trocóse el albor de mi alegría / flor que seca se arroja." Podemos notar, asimismo, como la labor imaginativa de la joven poeta sintetiza las posibilidades metafóricas de estos elementos, uniendo los dos temas en una misma imagen: "Rosa que nace al saludar el día, / y a la tarde se muere" alude a la vez a la mujer y a la ilusión. Aquí Rosalía se asemeja a las poetas de la

---

32. Para un análisis estilístico de los rasgos románticos de los poemas de *La flor*, véase José María Viña Liste, Introducción, *Poemas juveniles de Rosalía de Castro: "La flor" y "A mi madre"*, La Coruña, La Voz de Galicia, 1985, pp. 32-40. Para una lectura psicoanalítica de este poema, véase Marina Mayoral, *Análisis de textos: poesía y prosa españolas*, Madrid, Gredos, 1977.

primera generación —a Amalia Fenollosa, por ejemplo—
pero se diferencia al tratar más directamente los senti-
mientos eróticos:

> Y la ardiente pasión sustituyendo
> a una fría memoria,
> sentí con fuerza el corazón latiendo
> por una nueva gloria.
> Dicha sin fin, que se acercó temprana
> con extraños placeres.

Así logra intensificar el elemento del deseo que forma
parte de la ilusión, aunque, como en toda esta poesía fe-
menina, el impulso erótico quede supeditado a la ley de la
muerte que lleva dentro de sí la rosa.

Siete años más tarde, publicó otra composición en cas-
tellano, *A mi madre*, un ciclo de poemas relacionados con
la muerte de su madre. Tanto para ella como para sus
compañeras de generación, la muerte de los seres ama-
dos, la ausencia que de continuo minaba la vida domésti-
ca, es un tema importante. Esta poesía de Rosalía expresa
mejor que cualquier otra la cualidad emotiva que tenía
para las mujeres de esta época la relación con su madre.
En "Cuán tristes pasan los días", primer poema de *A mi
madre*, sigue la moda declamatoria de la tradición román-
tica para comunicar el dolor de su pérdida: "¡Ay qué pro-
funda tristeza! / ¡Ay qué terrible dolor!". Pero también
plasma la sensación de desamparo en un juego metafórico
admirablemente condensado:

> Mas ¡ay! pájaro sin nido,
> poco lo alumbrará el sol.
> Y era el pecho de mi madre
> nido de mi corazón.

43

No es la única de su generación que emplea esta forma de
elaborar una metáfora, inspirada sin duda en la poesía de
tipo popular. Ya hemos visto que Josefa Estévez utiliza
una técnica parecida para tratar de la muerte de un hijo.
Rosalía da, sin embargo, los ejemplos que dejarán su hue-
lla inevitable en la poesía de la generación que la sigue.

"Cuán tristes pasan los días" manifiesta la evolución
que experimenta otro rasgo de la tradición romántica en
manos de Rosalía de Castro. Para la generación de Ca-
rolina Coronado, ya lo hemos señalado, el paisaje funcio-
naba como evidencia de la inocencia y la sensibilidad del
sujeto lírico, aunque permanecía como elemento exterior
al yo que lo describía. Siguiendo la lógica interna de esta
tendencia a hacer del mundo un reflejo del yo, Rosalía
borra las distinciones entre el universo interior y el ex-
terior, en tanto que éste manifieste los síntomas del dolor
que experimenta la poeta: "¡Cuán negras las nubes pasan
/ cuán turbio se ha vuelto el sol!". Al empezar a construir
la imagen del mundo exterior como "correlativo objetivo"
del estado interior, por cierto, se une a la corriente que
fluye en la poesía occidental del romanticismo al moder-
nismo.

Fluye también en la poesía escrita por mujeres en la que
se inserta su obra. Podemos comparar el subjetivismo del
paisaje en Rosalía con un interesante poema escrito por
otro miembro de esta generación, la andaluza Eduarda
Moreno Morales. En "Al estío" la poeta manifiesta, sin
aceptarla, una identificación entre sujeto y paisaje. Es de-
cir, aunque intenta establecer una distinción entre sí mis-
ma y la estación a la que se dirige, no logra su fin de modo
inequívoco. Al rechazar la "gala y hermosura" del estío
revela que la estación de calor tiene demasiado en común
con "la calentura ardiente que devora [su] esperanza"
y con el "abrasador estío de [su] vida". Al representar el

44

estío como a la vez positivo ("hermoso") y negativo ("abrasador"), espejo y contrario del estado de ánimo de la poeta, el poema rompe el paralelo sencillo entre un elemento de la naturaleza y el sujeto lírico para seguir el rumbo de la poesía romántica hacia más complejas relaciones entre el alma y un escenario natural. En este poema el yo intenta desechar el ardor de una estación con la que identifica peligrosos estados interiores cuyos rastros persisten en las imágenes poéticas: en todo el romanticismo femenino, lo que más pone en peligro la entereza del sujeto femenino es el deseo pasional en cuyo "fuego la razón se abrasa". Para conseguir representarse de acuerdo con las normas de la subjetividad femenina, tales deseos tienen que ser denegados o reprimidos. Este poema es interesante en tanto que los rasgos subjetivos explícitamente rechazados persisten en el doble sentido de las formulaciones verbales: "abrasador estío de mi vida", "mi cerebro / con tu constante ardor se desgarra". En consecuencia, se hace más patente la contradicción entre la feminidad normativa y los impulsos de expansión íntima.

Rosalía, por contraste, acepta, hace suyos todos los elementos semánticos que pueblan los paisajes de su alma, desbordando el molde cultural de feminidad. La secuencia de poemas que empieza "Ya pasó la estación de los calores", por ejemplo, corresponde a un subgénero muy popular en las poetas en que la voz lírica describe y reacciona a la llegada del invierno. Rosalía, sin embargo, transforma el tópico en una imagen inquietante de desconsuelo bien lejos de la tranquilidad consoladora que debía exhibir el ángel doméstico. Desde la primera sección el sujeto de este texto anuncia su contaminación por elementos ajenos al modelo angélico de subjetividad femenina: esta alma se tiñe de los sombríos colores de los pensamientos impíos. Si en un tiempo las nubes de este paisaje subjetivizado eran, como las mujeres modélicas, "cándidas y hermosas", ahora son "errantes, fugitivas", "llenas de amargura y desconsuelo", "suelto el ropaje y la melena al viento". Este sujeto ya no es una mujer de su casa, contenida y recatada. Las nubes que representan el alma de la poeta se identifican con otra forma de ser mujer —una forma más antigua, lo femenino como lo irracional— en otras palabras, son "locas", palabra repetida cuatro veces en la tercera sección. Aunque la última estrofa intente resumir el escenario descrito en términos de la pérdida de las ilusiones convencional del romanticismo, no consigue controlar la fuerza de aquellas imágenes de dispersión e inquietud, figuras de un sujeto que desborda los diques de contención. En la poesía madura de *En las orillas del Sar* este sujeto sombrío e inquieto sigue dominando. El poema que comienza "Cenicientas las aguas, los desnudos", por ejemplo, también reproduce un tópico de la poesía de las estaciones: que el triste invierno anuncia la alegre primavera. Pero nos damos cuenta de que el sujeto lírico aquí no es precisamente convencional cuando afirma que "regocijada y pensativa escucho / el discorde concierto / simpático a mi alma... / ¡Oh, mi amigo el invierno!". Y aunque por un momento la conclusión del poema parece recuperar el tópico, una palabra del último verso —"eterna"— lo trastoca todo, sugiriendo la duda poco ortodoxa de que a esta triste vida suceda una primavera eterna.

Es la sombra de esta duda uno de los elementos que más distinguen "Era apacible el día" de los otros poemas acerca de la muerte de un hijo en esta época. En este poema el sujeto lírico se debate delante del hecho impensable sin poder resolver el dolor con la fe en la inmortalidad del alma. En un momento la angustiada poeta afirma que algo inmortal hay, aunque no deje de haber un resabio iró-

ico en su referencia a la bondad y justicia de un Dios que
a permitió una vez la ruptura entre madre e hijo:

> Algo ha quedado tuyo en mis entrañas
> que no morirá jamás,
> y que Dios, porque es justo y porque es bueno,
> a desunir ya nunca volverá.

ero en la última estrofa se impone una visión pesimista,
in esperanza, expresada sin rodeos: "Mas… es verdad,
a partido / para nunca más tornar. / Nada hay eterno
ara el hombre […]". Y es esta amarga visión la que do-
nina el último poema de Rosalía que reproducimos,
¡Ea! ¡aprisa subamos de la vida / la cada vez más empina-
a cuesta!". Asume sin cejar la soledad de su lucha con la
nuerte: "No, ni amante ni amigo / allí podrá seguirme; /
avancemos!… ¡Yo ansío de la muerte / la soledad terri-
le!" Y repite otra vez sin paliativos lo que teme sea la
erdad: "¡Morir! Esto es lo cierto, y todo lo demás menti-
a y humo". Al hacerse suyas así las reacciones más do-
orosas y difíciles del ser humano ante la muerte, Rosalía
e Castro rompe definitivamente los moldes de la norma
emenina para representarse en su poesía como sujeto
lenamente consciente, angustiado tanto por la duda me-
afísica como por los deseos encontrados. Partiendo de
us raíces románticas, llega a plantear la problemática
xistencialista que preocupará a los noventaochentistas.
también abre paso a una generación de escritoras que
ntrará en el siglo XX con ventajas culturales que no ha-
ían tenido sus abuelas.

. La tercera generación: en el umbral de otros paradigmas

Las mujeres de las clases medias y acomodadas que na-
ieron después de 1850 tenían una educación más cuidada

que la mayoría de las que nacieron en la primera mitad
del siglo, aunque todavía la formación que recibían las
mujeres distaba mucho de ser igual a la de los hombres.
Dos carreras para la mujer de aspiraciones intelectuales
quedaban ya bien establecidas si no siempre valoradas de
manera inequívocamente positiva: la de escritora y la de
maestra. Y —factor importante para las jóvenes con una
vocación literaria— dos generaciones de escritoras habían
ya marcado un camino que seguir o rechazar.

Emilia Pardo Bazán es la figura dominante de esta ter-
cera generación. Adquiere una gran cultura, autodidacta
en su mayor parte, pero fruto también de nuevas actitudes
más tolerantes que antes —en pugna todavía, claro está,
con las antiguas e intolerantes— hacia las aspiraciones in-
telectuales de la mujer. Se siente suficientemente segura
de sus capacidades y sus derechos para no aceptar ence-
rrarse en el campo ya otorgado a la autoría femenina.
Aunque publica un libro de poesía dedicado a su hijo Jai-
me al principio de su carrera de escritora,[33] no se define
como poeta y reivindica para cualquier sexo el terreno
cultural convencionalmente cerrado a las mujeres —la no-
vela realista y naturalista, la crítica literaria, la filosofía, la
ciencia. Las otras escritoras de esta generación, aunque
no llegan a destacarse tanto como Pardo Bazán, tienen
algunas de las mismas características. Poseen más cultura
que sus predecesoras y su erudición se manifiesta en el
manejo de referencias históricas o clásicas. De hecho, una
de ellas, Blanca de los Ríos, ganaría renombre sobre todo
como especialista en el drama del Siglo de Oro. Otra, Ro-
sario de Acuña, además de poesía, escribió dramas de
gran éxito y ensayos sobre la vida rural y sobre la avicultu-
ra. Sofía Casanova llegaría a ser conocida como cronista

33. *Jaime. Colección de poesías*, Madrid, Aurelia J. Alaria, 1881.

de guerra y de revoluciones. Al no aceptar la división del terreno cultural entre hombres y mujeres, algunos miembros de esta generación se preocupaban de las condiciones que limitaban la actividad de las mujeres: como Pardo Bazán, Acuña y Casanova se identificaron con aspectos del creciente movimiento feminista. Era también una generación de librepensadoras, y en este terreno algunas fueron mucho más allá que Pardo Bazán, quien siempre intentó conciliar su fe religiosa con el ejercicio crítico de la razón.

Un hecho interesante: en esta generación mejor preparada para la escritura hay menos poetas. Es decir, mientras que entre 1840 y 1865 supera la treintena el número de mujeres que publican un libro o más de poesía, entre 1870 y 1895 no son más de diez las nuevas poetas que dan una colección a la prensa.[34] Creo que esta disminución se debe a que, por una parte, hacia el fin de siglo había para la mujer de talento más opciones que el consabido librito de versos. Una mejora perceptible en la calidad de los primeros libros de poesía publicados por mujeres después de 1870 sugiere que las que no sentían una clara vocación poética encontraron otras salidas para sus aspiraciones literarias. Por otra parte, el hecho de que menos mujeres optaran por desahogarse públicamente en verso indica que la oleada romántica estaba tocando a su fin: la estética romántica, el complejo de temas y formas que integraba el movimiento, ya empezaba a perder su fuerza significativa para la cultura.

34. Hay muchos nombres que se podrían añadir a los representados en esta antología. Por ejemplo: Encarnación Calero de los Ríos, Emilia Calé Torres de Quintero, Amparo López del Baño, Micaela de Silva, Carolina Lamas y Letona, Josefa Bueno de Altea, Narcisa Pérez de Reoyo, Rita Rodes y Garcés, y Mercedes Vargas de Chambó, en las dos primeras generaciones; y Julia de Asensi, Julia Codorniú, Carolina Valencia y Mercedes de la Velilla en la tercera.

Sin embargo, las poetas que se dan a conocer en esto
años continúan en la tradición romántica de sus predece
soras, aunque es una tradición ya modificada por Rosalí
de Castro y por Bécquer. Los modelos genéricos tale
como la meditación sobre el cambio de estación o el la
mento por las ilusiones perdidas siguen siendo fundamen
tales para esta generación. Pero esta poesía es menos de
clamatoria y más intimista. Una de sus formas predilecta
es el cantar, breve, sugestivo, popular, que se había pues
to de moda en la obra de Bécquer. Tales modificacione
dan pie a la ironía, esa figura verbal esencialmente dual
polisémica, que estructura la poesía de Bécquer y produc
una tensión angustiante en la de Rosalía de Castro. Así
mismo aparecen figuras y estructuras irónicas con más fre
cuencia en las composiciones de estas poetas del últim
tercio del siglo. Y como consecuencia de las compleja
ambigüedades de la ironía, los perfiles netos de la femini
dad normativa, tan pronunciados en la escritura de la ge
neración anterior, se esfuman en ésta para dar lugar a un
subjetividad lírica más compleja y amplia.

a. Una generación culta

Hasta en las poetas de menos vocación se notan lo
efectos de una educación esmerada. Un ejemplo es Josef
Ugarte Barrientos, condesa de Parcent; poeta muy erudi
ta, cultivaba el género del romance histórico como mu
chas poetas anteriores, pero a diferencia de ellas, en ve
de dar rienda suelta a la fantasía exótica o al triunfalism
cristiano, busca la exactitud histórica, empapándose er
las crónicas medievales y el romancero tradicional.

La gallega Filomena Dato Muruais retoma la tradiciór
paisajista con habilidad consumada en poemas comc
"Tarde de otoño" y "Día de invierno." Pero por contraste

con Rosalía de Castro, cuyos sombríos poemas otoñales de *En las orillas del Sar* todavía no se habían publicado en 1880 cuando salieron los de Dato Muruais, la descripción luminosa del paisaje oculta el sujeto lírico. A pesar de su casi desaparición, sin embargo, éste se conforma a la feminidad normativa, manteniendo su pudor y su alegría al afirmar que hasta en invierno triunfa la "luz y alegría" para que la tierra haga "gala de belleza" cuando "blanco manto de pureza / oculta su desnudez". Con la publicación de su cuarto libro en 1895 se puede notar cierta evolución en la autorrepresentación de esta poeta. Sus cantares parecen querer sugerir la plenitud contradictoria del sujeto lírico:

> Yo llevo dentro del alma
> la copa fiel de los mares,
> con sus olas turbulentas
> y sus vastas soledades

dice en uno que manifiesta la influencia de Rosalía y de Bécquer, y en el siguiente hace esta deliciosa afirmación de la autoridad de la mujer vieja, afirmación que se compagina con la imagen de la madre patria en el poema "A la patria" que examinamos arriba:

> No son nieve los cabellos
> que en torno a mi frente están;
> son la corona de espuma
> que ostenta orgulloso el mar.

Como tantas otras escritoras del siglo XIX, Rosario de Acuña inició su carrera con un libro de poesía, aunque el género con el que triunfó fue otro, el teatro.[35] Pese a que

35. Véase la reciente edición de *Rienzi el tribuno* y *El padre Juan,* con introducción y notas de Mª. del Carmen Simón Palmer, Madrid, Castalia, 1989.

abandonara luego la poesía lírica, manifestaba habilida
en la reelaboración del tópico romántico de las ilusione
perdidas en "La última esperanza". En el juego de imáge
nes de luz y sombra, el predominio de la sombra y la debi
lidad de la luz sugiere cómo la fuerza de la ilusión, pro
yección utópica del alma en las primeras romántica
(siguiendo a Espronceda), se agota para esta poeta, qu
pronostica la muerte del corazón de un mundo positivista
Al mismo tiempo y paralelamente, este poema se pued
leer como un lamento por la pérdida de la fe en una escri
tora que pronto se dará a conocer como librepensadora
De modo parecido, "La primera lágrima" transforma un
de los elementos básicos del desahogo lírico en signo im
placable de la crueldad de esta vida y el desvanecimient
de cualquier otra: "en tu esencia volará mi vida", dice a l
lágrima, "y en la mansión eterna del olvido / para siempr
quedará dormida". Para Acuña, las lacrimosas expansio
nes del alma ya no parecen muy adecuadas; en parte, po
las razones que da en tono festivo —o no tan festivo— e
"¡Poetisa!" Las dulces armonías, los suspiros y los llanto
de la tradición femenina no le parecen en su tiempo seña
de una identidad afirmativa de la mujer, sino objeto d
sátira. A fin de cuentas, deja de escribir poesía lírica par
no asumir aquella identidad.

b. Concepción Estevarena

Para algunas poetas de esta tercera generación, la re
novación de la estética romántica efectuada por Gustav
Adolfo Bécquer brindó nuevas posibilidades a una indu
dable vocación poética. Este es el caso de Concepció
Estevarena, sevillana como Bécquer, y estrechament
vinculada a los círculos literarios de aquella ciudad. D
Bécquer, cuyas *Rimas* se publicaron en edición póstum

en 1871 cuando Estevarena empezaba a escribir, aprende a construir el poema sobre la base de una organización dual que opone un grupo de imágenes a otro, manteniendo un equilibrio difícil; y de los poetas españoles del siglo XVII aprende a jugar con la paradoja para subrayar las contradicciones. Utilizando estas técnicas, Estevarena logra dar nueva vida a los temas predilectos de sus predecesoras románticas.

En "Luchas", por ejemplo, el tema del enfrentamiento de la fantasía y la ilusión con la realidad se desarrolla en el juego de una serie de oposiciones: luz/sombra, esperanza/dolor, ilusiones/penas, agua/rocas, corazón/pensamiento. Pero a pesar de lo convencional de los temas, este poema proyecta un sujeto lírico bastante nuevo en su condición de auto-enajenación. La subjetividad construida en estos versos no se presenta como un corazón y una sensibilidad femeninos todo de una pieza, sino como una mente girando en torno a unos sentimientos formando un dinámico sistema solar cuya misma estructura crea zonas de sombra y misterio. En este universo interior caracterizado por la vacilación y la inseguridad, el único elemento fijo e inequívoco es el dolor, ese sí elemento fundamental de la identidad femenina heredada de la tradición romántica.

Si el sujeto lírico creado en la poesía de Estevarena sugiere la inseguridad existencial del sujeto-en-proceso de nuestro tiempo, no creo que se deba a ninguna visión profética, sino al hecho de que, al hacer suyo y adaptar desde su propia perspectiva el modelo becqueriano del romanticismo tardío, esta poeta no reproduce ningún yo ideal: ni el masculino, domador del "rebelde, mezquino idioma",[36] ni el femenino, el dulce y monocromático ángel del hogar.

---

36. Esta es la formulación de Bécquer en Rima I: "Yo quisiera escribirlo, / del hombre/domando el rebelde, mezquino idioma [...]."

Lo que marca la voz lírica de la poeta sevillana es la problemática de un sujeto que no encuentra ninguna posición segura y respaldada en su sociedad, que escribe desde la duda de su existencia social. "Si no soy…, ¿por qué sueño? / Si algo soy…, ¿por qué vacilo?" pregunta en "Vacilaciones". Y concluye: "anhelar mucho, ser nada; / he aquí mi historia ignorada". La subjetividad para una persona que no ocupa una posición reconocida es un proyecto de ser; su ser social no existe. La biografía de Estevarena hecha por su prologuista, José de la Velilla, hace patente la terrible inseguridad de la mujer de clase media que, como ella, llega a ser huérfana, sin hermanos, soltera, pobre, y enferma. Vive en esta especie de no existencia social que la poeta representa en "Hojas perdidas", una transformación perturbadora del tópico que se basa en la analogía mujer/rosa. Sugiere que conformarse con el modelo normativo femenino es inútil como principio de identidad para "seres sin hogar y sin amor": aun conservando "el perfume, la forma y el color", esto es, teniendo todas las cualidades que debe tener la mujer, "volaron con el viento, / y nadie las miró". Para esta poeta, ser mujer no es ninguna esencia, sino todo lo contrario. Desde esta posición tan incierta y poco definida, la poeta no teme abordar los grandes temas "universales" tales como el tiempo, pero cada afirmación acerca de la humanidad es minada por la duda acerca de su propio ser. "Así es la humanidad: dueña y esclava; / mas yo, triste de mí, ¿qué soy en ella?" se pregunta en "Misterio".

La contrapartida de la inseguridad de su ser social es la actividad poética con la que este sujeto lírico deja constancia de (construye, diríamos ahora) su existencia. Implícita en la mayoría de los textos, esta actividad se hace explícita en algunos poemas que reflejan la preocupación del romanticismo tardío por la palabra como instrumento de expresión. En "Mi alma" la poeta afirma (y problematiza) la existencia de la misma, primero como mirada que no alcanza el término deseado, y luego, "ansiosa de salir con la palabra", como lucha por la expresión. Pero este esfuerzo también fracasa:

> Mi alma, al comprender que no es bastante
> a poder contenerla la palabra,
> cual siempre que se anhela un imposible,
> queda abatida y de luchar cansada,
> y rueda por mi rostro, convertida
> en una triste y silenciosa lágrima.

Así Estevarena convierte la lágrima, signo de la sensibilidad femenina de sus predecesoras, en una figura de impotencia y frustración artística. No obstante, en otro poema, "Enigma", no duda en dialogar con los dos máximos representantes del romanticismo español, Espronceda y Bécquer. A la Rima I en que Bécquer da cuenta de su proyecto poético como esfuerzo de traducir en las palabras de "un himno gigante y extraño" las visiones creadas por su imaginación, contesta esta poeta que el objetivo debe ser "de libertad el sacrosanto himno". Al referirse a "notas, murmullos, huracanes, risas, / palabras y suspiros" añade a los "suspiros y risas, colores y notas" de Bécquer los murmullos y huracanes del poeta liberal del *Diablo mundo*. Sin embargo, en ninguno de los dos poetas ha encontrado "el himno deseado", y se confiesa pesimista acerca de sus posibilidades en esta vida.

Es que, pese a su profundo sentimiento de marginación, Estevarena busca en la noción de la libertad un terreno de encuentro con los proyectos colectivos. En "¡Libertad!", poema que escribió en lo que resultaron ser los últimos meses de su vida, afirma frente a la inminente derrota de la primera República que la libertad alienta el

pensamiento y es "lazo de amor" entre los seres huma
nos.[37] La conclusión de este poema se destaca como una
profesión de fe en la historia humana que sorprende un
poco en esta poeta tan pesimista en cuanto a su vida per
sonal: "aun siendo tus penas muchas / sales de las nueva
luchas / más radiante y más hermosa". Pero como todos
los elementos de la poesía de Estevarena, el concepto de
la libertad tiene un sentido ambiguo. En "Deseos", la li
bertad aparece vinculada a la ausencia de lazos sociales
La marginación aquí deviene algo positivo, algo deseado

> Quisiera ser más grande que el deseo,
> más libre que un suspiro:
> quisiera ser un ignorado mundo
> rodando en el vacío.

Así la poeta asume su condición de mujer como la síntesis
de una dialéctica, convirtiendo su marginación en una
trascendencia artística.

c. Dos figuras de transición:
   Sofía Casanova y Blanca de los Ríos

Para cerrar el ciclo de poesía romántica femenina, se
nos quedan dos escritoras que iniciaron su carrera, muy
jóvenes, con prometedoras producciones líricas. Aunque
en su madurez, ya en pleno siglo XX, se darían a conocer
como autoras de otro tipo de escritura —crítica e historia
literaria, en el caso de Blanca de los Ríos, crónicas de
viajes y de guerra en el de Sofía Casanova— sus primeras
obras se sitúan dentro de la tradición poética romántica
para luego iniciar una evolución hacia nuevas posibilida-

---

37. ¿Sería posible ver en esta referencia al "lazo de amor" un eco de las
ideas utópicas del anarquismo de su tiempo? No encuentro otro indicio de
que Estevarena fuera afectada por las teorías anarquistas.

des. Desde el principio, sin embargo, marcan su distancia de la feminidad normativa que regía la producción poética de muchas de sus predecesoras.

"El águila" de Blanca de los Ríos, una de las primeras piezas en una colección que salió cuando sólo tenía diecinueve años, recoge una temática plenamente romántica, aunque en el lenguaje y algunas de las imágenes demuestra la influencia de Calderón y otros clásicos del teatro barroco. (Es evidente en su escritura que goza de una formación mucho más profunda y sólida que la de cualquiera de las poetas de la primera generación romántica.) Como símbolo de la lucha del espíritu humano para trascender los límites de la triste realidad, de "la mundana vida", el águila encarna una de las fundamentales aspiraciones románticas. Es notable que, al utilizar una imagen —el águila y la roca— que en la poesía de Carolina Coronado se refería a la contradicción entre la vocación poética y la condición de mujer, de los Ríos trate la aspiración espiritual como sexualmente neutra, aunque feminiza la voz lírica en la última estrofa, identificándola no con el águila del pensamiento, sino con los anhelos amorosos del corazón. De hecho, el tema principal de su primera colección es amoroso. Se diferencia de la mayoría de sus predecesoras al mostrarse tan preocupada por el amor; no obstante, aparecen en estos poemas algunas de las imágenes tópicas de la tradición femenina: "Yo soy la pobre flor que en el estío / sobre el ardiente polvo se consume", dice en "Tú y yo". Pero somete estas imágenes a un juego metafórico que las transforma en algo nuevo. Utiliza un lugar común como "si es mar de llanto la existencia mía" con cierta ironía para lanzar el verso que sigue: "tú eres rayo de sol; mírate en ella". Es interesante comparar la "Rima X" ("Ni vivir puedo en tu ausencia") con "Un deseo de amor" de Amalia Fenollosa. Aunque los dos poemas expresan sentimientos parecidos —la sensación de n existir sin el amado— queda patente que de los Ríos dis pone de un lenguaje mucho más sutil y matizado para re presentar este estado psicológico. Es, además, un discur so más consciente de la problemática de la subjetividad en tanto que trata la negación de la amante, ya no com muerte física, sino como desvanecimiento de las frontera entre un sujeto y otro:

> Si pienso con tu razón,
> si respiro con tu aliento,
> si el tuyo y mi pensamiento
> fundió en uno la pasión.

Asimismo, al sentir la subjetividad como cosa sin fronte ras precisas y herméticas, de los Ríos echa nueva luz sobre la relación madre-hija, tema importante en la poesía fe menina. Dedica varios poemas a su madre, que estaba muriéndose mientras ella escribía esta colección, en los que manifiesta la sensación que se plasma en "Rima XII" "mi vida de la suya / sólo era un eco."

De los Ríos comparte con Sofía Casanova una preocu pación que las distingue de las poetas de las dos primeras generaciones, con la excepción importante de Rosalía de Castro: la duda religiosa y la pérdida de la fe. En la Rima IV, de los Ríos se anticipa a Unamuno cuando invierte la famosa frase calderoniana para hacer de Dios el sueño de la humanidad:

> —¿Y Dios? —El vano anhelar
> de la humanidad cansada.—
> ¡Quiero volver a soñar!

En efecto, esta poeta se aproxima a una corriente del ro manticismo masculino al incluir la fe religiosa entre las ilusiones cuya pérdida lamenta.[38] En Sofía Casanova, en cambio, se percibe más la influencia de su paisana Rosalía de Castro cuando combina la añoranza de la fe y la de la aldea gallega. En "Anhelo" recuerda su pueblo natal como el lugar donde rezó su primera oración, y si quiere volver a verlo, es para "aspirar en sus auras nueva vida, / la vida de la fe".

En las poesías que escribió antes de 1886, Casanova consigue algunos de sus efectos más notables dando un giro nuevo a ciertos tópicos de la tradición romántica. "Vaguedades", por ejemplo, retoma el lugar común del *no me olvides*, representado en la poesía femenina por una flor o una mariposa conservada como recuerdo de un momento feliz. Pero los frágiles objetos que el yo lírico guarda en su caja de recuerdos —flores, plumas, maripo- sas, las figuras predilectas de la poesía femenina— acaban proporcionándole en vez de recuerdos placenteros, una imagen de pesadilla: "el cadáver insepulto / de una postre- ra esperanza". Y es más intenso el efecto "si es la fe la que, muerta, / llevamos dentro del alma." Las preocupa- ciones que caracterizan a esta generación se notan en cier- tas coincidencias temáticas, como la que asemeja la con- clusión de este poema a "La última esperanza" de Rosario de Acuña. Es curioso que, como Acuña también, Casano- va adapte a su modo la figura de la lágrima en "Gotas de agua". Aquí renueva el tópico romántico sacando una imagen del discurso positivista-científico: el proceso geo- lógico de la formación de la estalactita.

Aunque al compartir la crisis de fe del fin de siglo, esta generación de escritoras se libera de una de las normas de la feminidad española, la que exigía la devoción religiosa,

38. Me refiero al romanticismo irónico y ateísta de Byron y Heine, por ejemplo; en España se ve en forma atenuada en Espronceda.

revela los persistentes efectos de otros aspectos del modelo, sobre todo el que arraiga la identidad femenina en los afectos. Si Blanca de los Ríos, después de seguir el vuelo de águila del pensamiento humano hacia sus límites, vuelve a centrarse como sujeto poético en el corazón y el amor, Sofía Casanova también manifiesta la pugna interior que cuarenta años antes Carolina Coronado había representado como un águila atada a la roca ("A Emilio"). En "Impresiones" confiesa:

> El horizonte abierto ante mi vista
> me hace esperar la libertad ansiada;
> y el paisaje y la luz me hacen artista,
> y un afán de ternura, desgraciada.

Esta tensión entre el ansia de nuevos horizontes mentales y el apego a los lazos afectivos no produce la sensación claustrofóbica que se nota en el poema de Coronado, sin embargo: parece impulsar a Casanova hacia un examen lúcido de sus sentimientos que da un sesgo original a su imaginación poética. En "Ni en la muerte", por ejemplo, somete su nostalgia de la fe a una rigurosa lógica afectiva que acaba derribando las ideas recibidas acerca de la esperanza de la vida eterna.

El tópico de la maternidad, tan esencial a la feminidad de las poetas románticas, es también sometido a un proceso de transformación en "Familiares, I," escrito en la última década del siglo cuando había ido a vivir a Polonia con su marido. La maternidad, terreno exclusivamente del sentimiento, del amor y de la ternura en la tradición romántica, se representa como el ejercicio también de la inteligencia. El poema, escrito en un estilo sobrio, íntimo, muy lejos ya de las exaltaciones románticas, presenta el interior doméstico como espacio en que el trabajo intelectual forma parte íntegra del hogar: "la lámpara ilumina en la ancha mesa / las hojas de papel, los varios libros / que el trabajo constante desordena". Y si este hogar, como el del ángel doméstico, está radicalmente separado del mundo exterior frío (nieve) y violento (incendio), el sujeto femenino que lo preside es muy consciente de que esta separación no se podrá mantener, que la vida misma "que alborea" rompe el círculo mágico del deseo maternal. Esta poesía madura de Casanova nos muestra, pues, que a pesar de la persistente fuerza de la tradición, ni la poesía ni el sujeto femenino puede seguir siendo lo mismo en el nuevo siglo.

4. Conclusión

Al mirar desde el fin de otro siglo la producción poética de las mujeres decimonónicas, podemos ver cómo fue marcado de un modo u otro por la división del campo cultural entre los dos géneros sexuales. Para cada poeta y cada generación, la invitación romántica a desahogarse mediante la actividad poética conllevaba la necesidad de enfrentarse con la problemática de la diferencia sexual, tal como la definía su cultura. Algunas de ellas asumieron plenamente la identidad femenina exigida por esta diferenciación, mientras otras examinaron, protestaron y hasta rechazaron la distinción normativa. Todas, sin embargo, tuvieron que plantearse la cuestión que Emilia Pardo Bazán formuló así: "si tienen suficiente vocación para creer, desde el primer instante, que en el reino de las letras no hay, como en las iglesias protestantes, *lado de las mujeres* y *lado de los hombres*". Desde este punto de vista, doña Emilia caracterizó con lucidez los peligros de la identificación con la feminidad normativa cuando ofreció una crítica constructiva a la joven poeta cuyo libro de versos anodinos prologaba:

> Versos tan bien contorneados no llegan a tener todo su alcance por pecar de excesivamente genéricos; por encerrarse (creo que de propósito) en un círculo de temas y de pensamientos que ni asusta ni sorprende, ni se presta a ningún comentario malévolo en pluma femenil. [... Si la señora Valencia] aspira a crearse un nombre, [...] tema como al fuego a las palabras bonitas que suenan y corren con dulce murmullo de arroyo, pero que no arrastran en su curso todo el generoso vigor de la *idea,* elaborada y meditada, y sobre todo íntima, sincera: *voz de dentro.*[39]

Pardo Bazán pone su dedo en la llaga de mucha de esa poesía escrita en la tradición del romanticismo feminizado. Si en las generaciones anteriores esta tradición brindaba posibilidades de expresión poética, muchas veces las únicas accesibles a las mujeres, en 1890 cuando doña Emilia enjuiciaba la poesía de Valencia, la tradición ya estaba agotada. Había ya poetas que buscaban y encontraban modos de escribir en los que no actuaba de cortapisa —para volver a las palabras de doña Emilia— "la especialidad de su función dentro del plan trazado por el Autor de la naturaleza para la reproducción de las especies" (p. xi).

Y sin embargo conviene recordar que la escritora nunca puede escapar a la diferencia sexual en una cultura para la cual el género es una categoría fundamental e indispensable. Nos lo dicen bien claro las alabanzas equívocas del

---

39. Esta cita y la anterior vienen de "Dos palabras", prólogo que escribió Pardo Bazán para Carolina Valencia, *Poesías,* Palencia, Alonso y Menéndez, 1890, pp. x-xi.

crítico que puso el prólogo al primer libro de Sofía Casanova:

> Siente como una mujer y medita como un hombre. El sello característico de sus versos está en la entonación varonil que preside a su estilo y en la energía y profundidad con que desarrolla siempre sus atrevidísimos pensamientos [...]
>
> Si aquella bella cuanto absurda fábula de Andrógine pudiera hallar en la verdad fundamento, nunca se aplicará mejor que al caso presente; pero, entiéndase bien, que esto no habría de ser a modo de singularidad anormal y, por tanto, monstruosa; sino como ejemplo rarísimo de perfección y complemento.[40]

Tal como las poetas mismas tenían que plantearse la cuestión de los "lados de la iglesia", la crítica sólo puede ver su poesía a través de unos lentes culturales que dividen las facultades humanas en masculinas y femeninas y que configuran la falta de diferenciación como algo singular y monstruoso. Tener esto en cuenta al abordar el tema del valor relativo o el lugar de esta poesía en el canon literario nos ayudaría a evitar afirmaciones simplistas. No es cuestión ni de negar la diferenciación sexual ni de esencializarla, sino de ser, como Pardo Bazán, consciente de sus efectos.

SUSAN KIRKPATRICK

---

40. R. Blanco Asenjo, Prólogo a Sofía Casanova, *Poesías,* Madrid, Imp. de A. J. Alaria, 1885, p. xv.

Bibliografía selecta

L as notas a pie de página de esta antología dan la información
bibliográfica esencial acerca de los libros de poesía publicados
por las autoras representadas. Una bibliografía minuciosa de las
publicaciones de estas escritoras se encuentra en el manual bio-bi-
bliográfico de Simón Palmer. Las más conocidas, Rosalía de Castro
y Concepción Arenal, cuentan ya con una bibliografía muy nutrida
al alcance de todos. Otras, como Gertrudis Gómez de Avellaneda,
Carolina Coronado y María Josepa Massanés, están representadas
en la Biblioteca de Escritoras con antologías que incluyen la biblio-
grafía esencial sobre ellas. Los escasos estudios sobre las otras están
recogidos en la bibliografía de Simón Palmer. Aquí se apuntan sólo
los más importantes trabajos de conjunto sobre las poetas o sobre la
literatura identificada como de mujeres del siglo XIX.

Aldaraca, Bridget, "'El Ángel del hogar:' The Cult of Domesticity
in Nineteenth-Century Spain", *Theory and Practice of Feminist
Literary Criticism*, ed. Gabriela Mora and Karen S. Van Hooft,
Ypsilanti, MI, Bilingual Press, 1982, pp. 62-87.

Andreu, Alicia, *Galdós y la literatura popular*, Madrid, Soc. Ge-
neral Española de Librería, 1982.

Blanco, Alda, "Domesticity, Education, and Women Writers:
Spain, 1850-1880", *Cultural and Historical Grounding for Hispa-
nic and Luso-Brazilian Feminist Literature*, ed. Hernán Vidal,
Minneapolis, Prisma Institute, 1989, pp. 371-394.

Coronado, Carolina, "Galería de poetisas españolas contemporá-
neas. Introducción", *La Discusión*, 1-mayo-1857, p. 3.

BIBLIOGRAFÍA

—, "Galería de poetisas: Introducción a las poesías de la señorita Armiño", *La Ilustración*, 12-junio-1850, p. 187.

—, "Ángela Grassi", *La Discusión*, 28-junio-1858.

—, "Las poetisas españolas: Doña Josefa Massanés", *La Discusión*, 21-junio-1857, p. 3.

Criado y Domínguez, Juan P., *Literatas españolas del siglo XIX,* Madrid, Pérez Dubrull, 1889.

Deville, Gustave, "Influencia de las poetisas españolas en la literatura", *Revista de Madrid*, 2a. ser., 2 (1844), pp. 190-199.

Escritoras románticas españolas, ed. Marina Mayoral, Madrid, Fundación Banco Exterior, 1991.

Kirkpatrick, Susan, *Las románticas: Escritoras y subjetividad en España, 1835-1850*, Madrid, Cátedra, 1991.

Manzano Garías, Antonio, "De una década extremeña y romántica", *Revista de Estudios Extremeños*, 24 (1969), pp. 1-29.

Mayoral, Marina, "Las amistades románticas: confusión de fórmulas y sentimientos", *Escritoras románticas españolas,* pp. 43-72.

Simón Palmer, María del Carmen, *Escritoras españolas del siglo XIX: Manual bio-bibliográfico*, Madrid, Castalia, 1991.

—, "Panorama general de las escritoras españolas", *Escritoras románticas españolas*, pp. 9-16.

Valis, Noël, "La autobiografía como insulto", *Dispositio* 15, núm. 40, 1990 [1992], pp. 1-15.

Criterios de esta edición

Al seleccionar las escritoras y los textos representados en esta antología, se han tenido en cuenta varios factores. Han sido incluidos sólo textos escritos en castellano y de autoras cuya vocación para la poesía quedó consagrada con la publicación de un libro de versos. La representatividad temática y la calidad intrínseca han pesado en la elección de los poemas; inevitablemente estos dos criterios son subjetivos y corresponden a la perspectiva de una feminista del fin del siglo XX.

Como las notas al pie de página indican, cuando ha sido posible se han tomado los textos de la primera edición en que aparecieron, salvo en el caso de algunas poetas que gozan de fiables ediciones posteriores. Las erratas evidentes han sido corregidas y se han actualizado la ortografía y la puntuación.

ANTOLOGÍA

LA PRIMERA GENERACIÓN:
ESCRITORAS NACIDAS ENTRE 1810 Y 1830

Concepción Arenal
(1820-1893)

*F ue conocida en toda Europa por sus trabajos sobre re-
formas penitenciarias y otros temas sociales. Fue tam-
bién una de las feministas más destacadas en España. Hija
de un militar liberal que murió en prisión en 1829, vivió
durante algunos años con su abuela en Asturias, y luego
fue a Madrid con su madre. En 1841 asistió a clases en la
Facultad de Derecho vestida de hombre. Poco después,
contrajo matrimonio con Fernando García Carrasco y co-
laboró con él en labores periodísticas. Tuvo tres hijos, dos
de los cuales fallecieron muy pronto. Fue durante estos
años cuando escribió las* Fábulas originales en verso *de las
que proviene el ejemplo escogido aquí. Fueron publicados
en 1851, y debieron tener cierto éxito, porque se publicó
una segunda edición en 1854, aprobada para la enseñanza
de la instrucción primaria.*

*En 1855 Arenal quedó viuda y se marchó a Potes, donde
escribió* La beneficencia, la filantropía, y la caridad. *En*

1863 fue nombrada Visitadora de Prisiones de Mujeres, y en 1872 formó parte de una comisión para reformar el Código Penal bajo la República. Aunque sobre todo escribía ensayos, de vez en cuando publicó algún poema sobre sus temas preferidos. Según Faustina Sáez de Melgar un poema de Concepción Arenal ganó un concurso de poesía sobre la esclavitud patrocinado por la Sociedad Abolicionista Española. En 1869 publicó una obra importante para el feminismo español, La mujer del porvenir, *una colección de artículos sobre la educación de la mujer.*

FÁBULA XVIII

LAS DOS PERRAS*

Cierto día de verano
y en la falda de unas sierras,
en conversación dos perras
estábanse mano a mano.
Mastina, joven, valiente
con los lobos cual ninguna,
era resuelta la una
a la par que inteligente.
Largo hocico y mala traza
tenía su compañera,
mestiza, y que no dijera
el mismo Buffon su raza.
Con los perros acontece
cual con hombre o con mujer:
no siempre es fácil saber
a qué casta pertenece.
Digo que en conversación

---

*Texto tomado de la segunda edición de *Fábulas originales en verso*,
Madrid, Imp. H. Reneses, 1854, pp. 65-69.

estaban los animales,
y entre otras cosas formales,
trataron de educación.
—Barato, paciente y diestro,
para que enseñe a mi hijo,
busco, la mastina dijo,
hace días un maestro.
—¡Un maestro! Tú estás loca,
le replicó la mestiza.
Mira a ver si descuartiza
un cabrito con la boca.
Si con un lobo la lucha
puede fuerte sostener
y las vacas defender,
lo demás es paparrucha.
Yo nada enseño a los míos
y ellos saben muy bastante:
es idea extravagante
dar en tales desvaríos.
Y es locura ese tu celo,
excesivo, aún para madre.
Como ha vivido su padre
vivan, y como su abuelo.
Más cuerda te creí. ¡Bah!
Deja tamaña quimera
que si ello hacerse pudiera
otro lo hubiera hecho ya.
Lo que nadie osó intentar
¿quién intentar imagina?
—Ello, dijo la mastina,
por alguno ha de empezar.
Y cierto vale la pena
de buscar cosa mejor,
que la vida de un pastor

no es a la verdad muy buena.
Siempre por breñas y cerros,
mucho lobo y poco pan.
No dice mal el refrán
que dice "vida de perros".
¡Cuán distinta la existencia
fuera de un perro instruido!
Carne, pescado, embutido,
leche y queso con frecuencia,
y grandes comodidades
de cama y habitación,
con la sola obligación
de hacer sus habilidades.
—¡Cómo deliras! —¿Por qué?
—Eso que diciendo estás
cierto no será jamás.
—¿La razón? —Que nunca fue.
—¿Y si fuese? —¡Bah! ¡patrañas!
Digo que es linda ocurrencia.
—Pues con toda tu prudencia,
amiga mía, te engañas.
Sé de un perro que trabaja
de su amo en la compañía,
y juega a la lotería
y también a la baraja.
Entre más de cuatrocientas
personas, mira uno el amo,
y él corre y le lleva un ramo,
y adivina, y echa cuentas.
El hambre le es conocida
sólo por los demás canes;
para otros llena de afanes,
es dulce para él la vida.
Con esto su merced vea

como el juicio no he perdido,
y como *el que no haya sido*
no es razón *de que no sea.*
Como esta perra mestiza,
¿quién no ha visto algún varón
con su inflexible razón,
y con su ciencia postiza?
Si mediano o medianía
tuviera que definir,
como tengo de morir
así lo definiría:
Mediano: cierto animal
que se dice pensador,
para quien innovador
y loco o necio es igual.

Robustiana Armiño
(1821-1890)

*O*riunda de Gijón, empezó a escribir poesía y publicarla en la prensa peninsular en la década de los *1840. Aparecen composiciones suyas en* El Anfión Matritense, El Eco del Comercio *de Madrid,* El Pensil del Bello Sexo *de Madrid,* El Vergel de Andalucía *de Córdoba, y* El Guadiana *de Badajoz durante esta década. Se carteaba con otras poetas de la época, y mantuvo una amistad epistolar de especial intensidad con Carolina Coronado. Muestra su admiración por Gertrudis Gómez de Avellaneda en un poema dedicado a ésta.*

En 1848 se casó con Juan de la Cuesta Cherner, fundador y director de La Correspondencia Médica, *pero no dejó de escribir. Publicó una colección de sus poesías en 1851, y después de aquella fecha se dedicó a otros géneros, entre ellos literatura para niños, como* Flores del paraíso *o* Ilustración de la infancia *(1852). Siguió colaborando activamente en la prensa dirigida a mujeres y niños hasta 1875.*

CANTOS DEL OTOÑO

A MI HERMANA DOROTEA

I

Hermana, el otoño llega
con sus lluvias y raudales,
y al son de los vendabales
¿quieres mi canto escuchar
hoy, que de negros celajes
cubierto el cielo se mira,
y las cuerdas de mi lira
he visto rotas saltar?

Un año ya que mi acento
se alzó por un moribundo,
llevando hasta el firmamento
melancólica canción.
¡Un año! y también ahora
las cuerdas pulsando incierta,
ya está mi lira cubierta
de funerario crespón.

Mas, cuando el poder del tiempo
secó el raudal de mis ojos,
cuando vi de mis enojos
la nube desparecer,
yo la pupila del llanto
melancólica cantora,
pulsé la lira sonora,
dicha cantando y placer.

Y canté del aura pura
los perfumados celajes,
de las fuentes la frescura,
de los lagos el cristal;
canté la flor que se alzaba
gala de la pradería,
y la dulce melodía
del pájaro matinal.

¡Hermana! ¡cuán bellos eran
aquellos sueños de gloria!
¡Cuán magnífica la historia
que en mi mente germinó!
Tendí rauda por el éter
las alas del pensamiento...
Faltó a mi pecho el aliento,
y el sueño se disipó.

¡Desde entonces, cuántos días
pasaron y cuántas horas!
¿Qué se hicieron las cantoras
que iban el mundo a cruzar?
Al mismo suelo clavadas,
al mismo grillo sujetas,
las alas ya destrozadas
de luchar y reluchar.

¡Ay! ¡pobre barca, amarrada
del Piles en la ribera!
¡Con cuánto afán, primavera,
que llegases aguardé!
Vi alegre nuestras campiñas
cual oasis delicioso
prestar a mi sien reposo,
lindo tapiz a mi pie.

Mas cruzaron por la tierra
los terribles huracanes,
murieron los tulipanes,
y el jaramago quedó...
Y el genio del desengaño
llegó con callada planta,
cual insaciable garganta
que mis ensueños tragó.

Y pobre barca amarrada
del Piles en la ribera,
veré de la primavera
las bellas auras volver;
vendrá el otoño, su bruma
desplegando sobre el monte.
¡Y nunca de ese horizonte
los límites trasponer!

Y pasan días y días,
y pasan horas tras horas.
¿Qué se hicieron las cantoras
que iban el mundo a cruzar?
Al mismo suelo clavadas,
al mismo grillo sujetas,
las alas ya destrozadas
de luchar y reluchar.

PLEGARIA

Hay en mi corazón un pensamiento,
pensamiento de amor, de luz y vida,
¡reina del elevado firmamento!
trueca mi amor en fuego celestial.
Si arrancas de mi pecho la belleza
que trastornó mi débil fantasía,
¿quién en el mundo entonces ¡oh María!
amará más tu rostro virginal?

Escucha mi clamor, flor de las flores.
Paz es el bien que anhela el alma mía;
cual estrella oriental serás mi guía,
serás la inspiración de mis amores;
serás fuente de bien y de consuelos;
yo elevaré a tu gloria mis cantares,
y tú darás alivio a mis pesares,
enviándome tu luz desde los cielos.

Tus cándidos querubes
pulsarán con placer la lira mía,
y los ardientes versos
con que se exhala en cánticos diversos

un triste corazón
te serán ¡oh María! dirigidos,
y en el sereno día,
y en la plácida noche,
cuando ilumina la creciente luna
la misteriosa flor de la laguna,
tú serás mi sublime inspiración.

Rosa Butler y Mendieta
(1821-?)

Nació en Jaén, pero quedó huérfana de padre y madre cuando era todavía muy pequeña. Fue educada por us tíos, con quienes vivió en Cádiz hasta 1841, pero a consecuencia de la enfermedad y muerte de su tío, se trasladó a Puerto Real. En su primera publicación, La noche y la eligión *(Madrid, Imp. de Luis García, 1849), cuenta ómo en su infancia y juventud sufrió una larga serie de érdidas de seres queridos y cómo la religión la sacó de un bismo de tristeza. Dos años más tarde salió otro librito uyo,* Mi lira: Fantasías, *publicado en Cádiz, del que tomamos un fragmento para esta antología. Después de estas os obras publicó poco, colaborando de vez en cuando en evistas andaluzas y mandando una contribución a una colección de poesía publicada con motivo de la coronación oética de Manuel José Quintana en 1855. En 1883 apareió su última obra, un poema épico-religioso,* La creación el mundo *(Madrid, M. Ginés Hernández, 1883). En su oesía queda patente que, como dice en la dedicatoria de u primera obra, "fue escrita sin reglas ni maestros", pero o le falta entusiasmo ni fe en su proyecto poético.*

MI LIRA. FANTASÍA*

[...]

II

Uno tras uno sus rayos
el sol arroja a la altura:
ya su espléndida hermosura
se complace en ostentar.
Ante mi vista se extiende
un cuadro bello, animado,
de esplendores rodeado,
de sonidos que gozar.

[...]

Y más que nunca ese día
gocé la naturaleza;
comprendí de su belleza
la inefable excelsitud.
Que en unidad armoniosa

*Texto tomado de la segunda parte de *Mi lira. Fantasía*, Escrita por l
Srta. Rosa Butler, Cádiz, Impr. de La Contribuyente, 1851, pp. 7-15.

rayaba la luz primera,
rayaba la primavera,
rayaba mi juventud.

[...]

Lucen y brotan sin tasa
en mi mente pensamientos,
en mi pecho sentimientos
de indefinible placer.
Faltábame tan sólo
para expresar la grandeza,
y la exquisita pureza
de la inefable emoción.

[...]

A adorar a Dios postréme
que expresarme no podía,
y darle gracias quería
por la emoción celestial.
Pues cuando mucho se siente
no hay voz, porque sólo hay alma;
se necesita de calma
para la voz desplegar.
No sé cuánto tiempo hubiera
en el éxtasis pasado,
sin un sonido que escucho,
indefinible, diáfano,
que por los ecos se extiende
del matutino aire vago.

[...]

Aun más se acerca el sonido...
un perfume delicado
por mis sentidos discurre:

¿en dónde me encuentro? exclamo,
cuando una luz oscurece
la del sol a mí llegando.

    Me hace levantar la vista,
quedando llena de pasmo.
Sobre una nube venía
un ángel del cielo, ufano;
tiene sus alas brillantes,
y su rostro es un relámpago.

    Son de oro sus cabellos,
y una lira trae en la mano.

[...]

El ángel

    Escucha, joven, que en la fresca aurora
viniste a disfrutar de la natura;
¿quieres pulsar la lira vibradora
con plácida dulzura?

Yo

    Ay, ángel, sí, pulsarla yo quisiera,
porque al sonido dulce que vertía
calló el ave parlera,
el aura matutina no se oía
y el arroyo sus ondas no movía.

El ángel

    El silencio no es raro, que te admira;
sabe, niña inocente, que esta lira
es la que el grande Homero,
y Virgilio sensible

con otros genios mil que descollaron,
inspirados pulsaron.

[...]

De esta lira de oro
parten rayos de gloria inmarcesible
en la frente sujeta
del genio que se encumbra,
y brilla su diadema que deslumbra:
toma la lira, pues, del gran Homero.

Yo

Ay, ángel, no la quiero:
esos rayos de gloria deslumbrantes,
esa rica corona
de flores tan brillantes,
que la lira me anuncias eslabona,
a la sien mujeril diéranle peso.

[...]

El ángel

Joven sencilla,
¿piensas acaso que los hombres todos
que esta lira pulsar han conseguido,
merecen la corona
que temes por su brillo desmedido?
¡Tesoros amontona
de ciencia aquel que admira,
y tú que no sabes ni templar la lira
presumes coronarte!...
Mas no para que ciñas la diadema
bajé del alto cielo,
dejando la suprema

mansión que cubre el azulado velo:
bajé porque la lira en tus dolores
te sirva de consuelo.

[...]

Yo

¿A presagiarme vienes sinsabores?
Mi corazón tan joven ya ha sufrido;
hase visto desnudo y despojado
de dulces ilusiones,
cual árbol deshojado
por el áspero invierno sacudido;
pero así como el árbol reverdece
al rayo de la dulce primavera,
lo mismo el corazón: el mío florece
al ver de juventud la luz primera...

[...]

El ángel

No me preguntes, no, que cubre un velo
el destino del ser que abajo mora;
solo podré decirte que su paso
breve y fluctuante por aqueste suelo
encuentra muchas veces
desgracias en oriente y en ocaso,
porque ¡ay! esta creación sólo sembrada
de flores por la mano bienhechora,
bien presto fue segada
por el genio del mal, que al ir segando,
espinas de su hoz iba soltando.

[...]

Para embotar la espina punzadora
más abundantes que las flores bellas,
la lira vibradora
Jehová lleno de amor por mí te envía.

Yo

¿Y sólo he de cantar melancolía?
De mí es casi ignorada
de Roma y Grecia la soberbia historia,
que tornará mi voz arrebatada
con recuerdos de gloria.
¿Qué cantaré yo, pues?

El ángel

Canta del cielo,
de la tierra, las aves, y las flores;
rasga el azul del tachonado velo,
penetra hasta el Señor de los señores,
canta de la creación la bella historia,
la más grande, más digna de memoria,
y canta tus dolores,
las impresiones canta que has sentido,
y si no cantas bien no habrás mentido.
La bella y dulce lira
toma y ensaya, que escucharte quiero.

Yo

Temblando estoy, pues la destemplo acaso.
¡Ay, sí! porque ángel, mira
como el ave ni el viento me hacen caso:

[...]

yo no puedo cantar, es arrogancia
¿y qué, te vas, y destemplada dejas
la dulce lira que en mis manos pones?

El ángel

Con esa lira así desacordada,
de ti solo escuchada,
cantarás la creación y otras canciones.
Rodando el tiempo pasarán los días,
y en uno por acaso resonando
de algún cantor en el sensible oído,
al cabo escuchará tus armonías,
y con bondad y fe la irá templando,
y tú podrás sentir de esa manera
la bella gratitud, afecto hermoso
unida a la amistad pura y sincera...*

[...]

* Se refiere, sin duda, al amigo a quien dedica este poema con las siguien-
tes palabras: "A mi apreciable amigo el Sr. D. F. de P. Hidalgo en prueb
de agradecimiento."

Dolores Cabrera y Heredia
(1826-?)

Nacida cerca de Huesca, esta escritora fue educada en el Monasterio de Religiosas Salesas de Calatayud. Entre 1846 y 1851 residió en Madrid y durante esta época empezó a escribir y publicar poesía. En estos años también murió su madre, suceso que se reflejó en su escritura. Una colección de poemas, Las violetas *(Madrid, Imp. de la Reforma) salió en 1850, prologada por el poeta Gregorio Romero Larrañaga, quien se confiesa receloso "de empañar una sola de las blancas páginas de un libro destinado a contener únicamente pensamientos de ternura" (p. 3). En 1851 su padre, Lorenzo Cabrera Purroy, fue nombrado gobernador militar de Jaca, y la familia se trasladó a aquella ciudad. Desde allí siguió colaborando durante el año siguiente en las revistas madrileñas* Ellas *y* Album *de señoritas. Regresó a Madrid en 1856 para casarse con Joaquín M.ª Miranda, y fueron los Reyes sus padrinos. Después de esta fecha, sus publicaciones son escasas.*

Según el manual bio-bibliográfico de Simón Palmer, esta escritora también publicó un par de novelas y se quedó ciega en sus últimos años.

ILUSIÓN*

¿Qué es la vida? Una ilusión
CALDERÓN DE LA BARCA

Soñé que en una noche del estío,
    del firmamento azul
te desprendiste, diáfana y ligera,
    como un globo de tul.

Yo vi que hollabas, sin romper sus tallos,
    las flores con tu pie;
y sentí que la punta de tus alas
    acarició mi sien.

Parecía que el aura de la noche
    te llevaba hacia mí:
y al acercarte al lecho en que dormía,
    te miré sonreír.

Poco después, sobre mi frente helada,

* De *Las violetas. Poesías de la Sta. D.ª Dolores Cabrera y Heredia*, Prólogo de Romero Larrañaga, Madrid, Imp. la Reforma, 1850, pp. 95-98.

tu frente se inclinó;
apoyaste tus labios en los míos
y un beso resonó.

Al sentir el perfume de tu aliento,
se estremeció mi ser;
mis mejillas de llanto se inundaron,
pero era... de placer.

Entonces, extendí hacia ti mis brazos,
con delirante afán;
quise asirte, y como una blanca nube,
¡ay! te vi disipar.

Y conocí, aunque tarde, que era un sueño
que mi mente forjó;
que todo era mentira, vida mía,
¡¡porque era una ilusión!!

¡Ilusión! ¡Bendita seas!
Cuando despiertos soñamos
y en nuestros sueños gozamos,
no padece el corazón.

¡Y cuánto no goza el alma,
cuando por amor delira,
aunque la dicha a que aspira
es también una ilusión!

Ilusiones son los goces;
ilusiones los placeres,
la amistad de las mujeres,
de los hombres el amor.

Ilusión es todo aquello,
que al pasar por nuestra mente
nos conmueve dulcemente,
calmando nuestro dolor.

Y si bien reflexionamos,
los dolores que sufrimos
y las penas que sentimos
ilusiones son también.

Porque el hombre que debiera
de su mente desecharlas
se complace en aumentarlas,
como si fueran un bien.

¡Ay! cuando en la triste noche
pensando en mi suerte varia,
y alzándote una plegaria,
sienta mi angustia crecer,

dígnate, si es que me quieres
como me amaste en la vida,
dígnate, sombra querida,
de tu cielo descender.*

Y aunque al mirarte mis ojos
derramen copioso llanto,
¡si vieras! ¡consuela tanto
a mi pobre corazón!

---

* Esta estrofa sugiere que la sombra, cuya identidad queda poco específica en la primera sección del poema, es su madre, muerta pocos meses antes de la fecha que pone al final.

Que aunque pronto te disipas
como la niebla ligera,
a una dicha verdadera,
prefiero yo esta ilusión!

Noviembre de 1848

A UNA VIOLETA*

Flor, la de las lindas hojas,
la del cáliz delicado,
la que derrama en el prado
su perfume embriagador.

Tú, que en la hierba naciste,
y te ocultas siempre en ella,
eres la imagen más bella
que representa al amor.

No a ese arrebatado y ciego
que a veces el labio miente,
sino al tímido, que siente
un sensible corazón.

A ese amor que nos inspira
un ser que nuestra alma adora,
y que sin embargo, ignora
nuestra ardorosa pasión.

*De *Las violetas*, pp. 108-109.

Mas ¡ay! un día nos vende
el fuego de una mirada,
cual su esencia delicada
te vende a ti, ¡pobre flor!

Por ella yo te descubro
entre la hierba escondida,
que eres mi flor preferida,
imagen de un tierno amor.

Abril de 1848

UN PENSAMIENTO

A MI AMIGA, LA SEÑORITA
DOÑA MARÍA DE LA CONCEPCIÓN OZCÁRIZ*

Si hoy, como en mejores días,
pudiera afectuosamente
estrechar tu mano ardiente
con pasión entre las mías,

si junto a tu corazón
latiese el mío agitado,
sintiéndose arrebatado
de alegría y de emoción.

si pudiese contemplar
tus ojos negros y bellos,
y tu frente y tus cabellos
arrebatada besar,

y el viento hiciese mover
tus rizos sobre la mía…
el placer me mataría,
¡si es que nos mata el placer!

Junio de 1849

*De *Las violetas*, pp. 143-144.

100

Manuela Cambronero

Manuela Cambronero

Son escasos los datos sobre esta escritora. No se saben sus fechas de nacimiento y fallecimiento y hasta se discute el lugar donde nació. Simón Palmer opta por Valladolid, aunque en algunas colecciones poéticas es tratada como gallega, y es cierto que vivió en La Coruña después de 1852. Las fechas de sus primeras publicaciones indican que habría nacido alrededor del año 1820. La primera noticia de su actividad literaria es un drama publicado en Valladolid en 1842. Entre 1844 y 1846 salen varias composiciones suyas en revistas de Madrid y Andalucía, sobre todo en El Pensil del Bello Sexo *de Madrid. En 1846 publica una novela corta,* El ramillete: Inés, *dedicada a Amalia Fenollosa. Una colección de su poesía aparece en 1852, cuando ya está casada con Lorenzo Caballero, a quien dedica el libro. De este año también son las cartas a Amalia Fenollosa publicadas por Antonio Manzano Garías en* Amalia Fenollosa *(Castellón, Sociedad Castellonense de Cultura, 1962). Seguramente fueron desgracias familiares las que impidieron que siguiera su carrera literaria.*

A UNA SOMBRA*

¡Oh, tú, sombra vaga que sigues constante
mis débiles pasos con dulce bondad!
Ya desde la infancia te amé delirante,
fuiste mi esperanza, mi felicidad.

Sombra idolatrada de andar cauteloso,
de pálida frente, de triste mirar,
que enjuga amorosa mi llanto angustioso,
mas nunca su acento me deja escuchar.

Mil veces la veo en noche callada
la hermosa pradera veloz recorrer;
y a impulso del aura gentil elevada
allá entre las nubes se suele perder.

También la contemplo del bosque sombrío
la verde espesura sutil penetrar;
yo la encuentro en la orilla del río
y veo a sus ojos el llanto asomar.

Entonces me acerco y al verme a su lado,
al agua se arroja con muestras de horror;
y así que la onda ligera ha cruzado,

*Primer poema de *Días de convalecencia. Colección de poesías y novela originales*, La Coruña, Imp. de Domingo Puga, 1852, pp. 3-5.

me tiende los brazos con mudo dolor.

Si busco en el lecho tranquilo reposo
y huyo con Morfeo a otra región,
mi sueño interrumpe suspiro penoso
que causa en mi pecho cruel sensación.

Y siento en mi frente una mano hermosa,
un hálito suave creo percibir,
y al resplandor débil de luz misteriosa
a la blanca sombra veo sonreír.

La tiendo los brazos y al punto me deja
aquel ser tan puro, visión celestial;
exhala un gemido, me mira y se aleja,
envuelta entre velos de blanco cendal.

Mil veces la llamo, mas no me responde,
y corro tras ella el valle y pensil;
la ingrata se eleva, se hunde, se esconde,
y al fin se evapora cual niebla sutil.

Mortal o fantasma que vagas errante,
si tu triste suerte no encuentra piedad,
si buscas acaso un ser inconstante
que traidor robara tu felicidad;

si lloras querida perdidos amores
que fueron un día tu gloria y tu bien,
dime de tu hado los fieros rigores,
y apoya en mi seno tu cándida sien.

¡Oh, ven a mi lado; seremos dichosas!
Y si a mi cariño correspondes fiel,
te ofrezco guirnaldas de flores preciosas
y lindas coronas de verde laurel.

Verás del arroyo la corriente pura
que esparce fragores en su derredor;
oirás en la fuente que lejos murmura
el dulce gorjeo de algún ruiseñor;
verás de la aurora la faz hechicera

que hace a la rosa su cáliz abrir;
la rosa que un día se mece altanera
sin saber que breve será su existir.

Y luego arrancadas sus hojas brillantes,
perdido el aroma, perdido el color,
verás cual se arrastran algunos instantes
sin hallar rocío que calme su ardor.

Que todo en el mundo concluye lo mismo:
el amor, la gloria, es sueño no más.
Siempre nuestra planta rodea un abismo...
¡Ay! dicha completa no hallamos jamás.

Sombra deliciosa, consuela mi pena,
no seas esquiva, no huyas de mí;
será nuestra vida tranquila, serena,
si al fin todo es sombra... te prefiero a ti.

LA CAUTIVA*

Tengo perlas y diamantes
relumbrantes,
ciñe corona mi sien;
tengo sedas y bordados
delicados,
ámbar y coral también

Cien esclavas me acompañan
y me bañan
en esencia de clavel,
llamándome fresca rosa,
primorosa,
luz y encanto del vergel.

La palmera me da sombra;
y en la alfombra
del espléndido jardín,
me reclino entre las flores
de colores
y el blanquísimo jazmín.

* De *Días de convalecencia*, 1852, pp. 32-33.

Aunque, no soy africana,
soy sultana,
y me adora mi señor,
en tanto que otras se afanan
y engalanan,
sin poder lograr su amor.

Envidian una ventura
que maldigo sin cesar.
¡Ah! malhaya mi hermosura,
que es causa de mi pesar.

Está marchita mi frente,
yo no hallo felicidad,
y recuerdo tristemente
mi perdida libertad.

Miro el agua transparente
del arroyo bullicioso
deslizarse suavemente
por el prado delicioso,

y en la rama temblorosa
a el amante ruiseñor,
y la bella mariposa
volando de flor en flor.

Pero la verde pradera
y el aromoso jardín,
la risueña primavera
con sus hechizos sin fin,

nada calmará las penas
de mi triste corazón;
son doradas mis cadenas,
pero al fin... cadenas son.

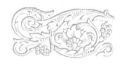

Carolina Coronado
(1821-1911)

Esta poeta fue una figura importante para el desarrollo de una tradición de poesía femenina en el siglo XIX. Nació en Almendralejo (Badajoz). Empezó muy joven a componer poesía. A pesar de la resistencia familiar y social a sus aspiraciones literarias, empezó a publicar en revistas literarias en 1839. Su primer libro de versos salió en 1843. En los años siguientes llegó a ser conocida y aclamada por toda la península. Ayudaba activamente a otras poetas. Mucha de su poesía revela un fuerte sentido de protesta por las condiciones opresivas en que vivían las mujeres. En Madrid, entre 1849 y 1852 mantuvo una intensa actividad literaria, colaborando en la prensa con crónicas de teatro y de viajes, preparando una nueva edición de sus Poesías *(1852), y escribiendo las novelas* Paquita, Adoración *(1850),* Jarilla *(1851), y* La Sigea *(1854). También empezó una serie de artículos sobre las poetas de su generación, que llama "Galería de poetisas contemporáneas".*

En 1852 contrajo matrimonio con Justo Horacio Perry,

cónsul norteamericano en Madrid, y tuvo tres hijos, dos de los cuales murieron antes de 1870. Su producción poética disminuyó después de su matrimonio. Tras la muerte de una hija, la familia se trasladó a una finca cerca de Lisboa, donde vivía con su hija Matilde cuando falleció en 1911.

EL SALTO DE LEUCADES *

El sol a la mitad de su carrera
rueda entre rojas nubes escondido;
contra las rocas la oleada fiera
rompe el Leucadio mar embravecido.

Safo aparece en la escarpada orilla,
triste corona funeral ciñendo:
fuego en sus ojos sobrehumano brilla,
el asombroso espacio audaz midiendo.

Los brazos tiende, en lúgubre gemido
misteriosas palabras murmurando,

*Es el último poema de una secuencia titulada "Cantos de Safo" publica-
da en *Poesías*, Madrid, Alegría y Charlaín, 1843. Alusiones a la poeta de
Lesbos eran frecuentes entre las poetas románticas (véanse los poemas de
Eduarda Moreno Morales y Josefa Ugarte Barrientos de esta antología), sin
duda porque veían en ella una antecesora prestigiosa. Seguían la imagen de
Safo propagada en la traducción hecha por José Bernabé Canga de Argüe-
lles en 1797. En su introducción dice de Safo: "La sensibilidad extrema de su
corazón le ocasionó la muerte: pues habiendo concebido un vivo amor a
Phaon, y no pudiéndole vencer a sus instancias, desesperada tentó el salto
de Leucades, en donde pereció. (*Obras de Sapho, Erinna, Alcman [y otros]*,
Madrid, Imp. Sancha, 1797, p. 1.)

y el cuerpo de las rocas desprendido
"Faón" dice, a los aires entregando.

Giró un punto en el éter vacilante;
luego en las aguas se desploma y hunde:
el eco entre las olas fluctuante
el sonido tristísimo difunde.

ROSA BLANCA *

La luz del día se apaga;
Rosa Blanca, sola y muda,
entre los álamos vaga
de la arboleda desnuda,

y se desliza tan leve,
que el pájaro adormecido
toma su andar por ruido
de hoja que la brisa mueve.

Ni para ver en su ocaso
al sol hermoso un instante
ha detenido su paso
indiferente y errante.

Ni de la noche llegada
a las tinieblas atiende,
ni objeto alguno suspende
su turbia incierta mirada.

* De *Poesías*, 1843.

Y ni lágrimas ni acentos
ni un suspiro mal ahogado
revelan los sufrimientos
de su espíritu apenado.

¡Tal vez de tantos gemidos
tiene el corazón postrado!
¡Tal vez sus ojos rendidos
están, de mal tan llorado!

¡Tal vez no hay un pensamiento
en su cabeza marchita,
y en brazos del desaliento
ni oye, ni ve, ni medita!

El poeta "suave rosa"
llamóla, muerto de amores...
¡El poeta es mariposa
que adula todas las flores!

¡Bella es la azucena pura!
¡Dulce la aroma olorosa!
Y la postrera hermosura
es siempre la más hermosa.

En sus amantes desvelos
la envidiaron las doncellas;
mas ¡ay! son para los celos
todas las rivales bellas.

Viose en transparente espejo
linda la joven cabeza;*

* El espejo también puede referirse al espejo del lenguaje en el que e
poeta le ha cosificado como "suave rosa". Esto explicaría en otro nivel d
significado el estado enajenado de Rosa Blanca.

mas tal vez dio en su reflejo
su vanidad la belleza.

¿Y qué importa si es hermosa?
Sola, muda y abismada
sólo busca la apartada
arboleda silenciosa,

y allí cuando debilita
su espíritu el sufrimiento,
en brazos del desaliento
ni oye, ni ve, ni medita.

EL GIRASOL*

¡Noche apacible! En la mitad del cielo
brilla tu clara luna suspendida.
¡Cómo lucen al par tus mil estrellas!
¡Qué suavidad en tu ondulante brisa!

Todo es calma: ni el viento ni las voces
de las nocturnas aves se deslizan,
y del huerto las flores y las plantas
entre sus frescas sombras se reaniman.

Sólo el vago rumor que al arrastrarse
sobre las secas hojas y la brizna
levantan los insectos, interrumpe
¡oh noche! aquí tu soledad tranquila.

Tú que a mi lado silencioso velas,
eterno amante de la luz del día,
solo tú, girasol, desdeñar puedes
las blandas horas de la noche estiva.

*De *Poesías*, 1843, pp. 70-72.

Mustio inclinando sobre el largo cuello
entre tus greñas la cabeza oscura,
del alba aguardas el primer destello,
insensible a la noche y su frescura.

Y alzas alegre el rostro desmayado,
hermosa flor, a su llegada atenta:
que tras ella tu amante, coronado
de abrasadoras llamas se presenta.

Cubre su luz los montes y llanuras;
la tierra entorno que te cerca inflama;
mírasle fija; y de su rayo apuras
el encendido fuego que derrama.

¡Ay, triste flor! que su reflejo abrasa
voraz, y extingue tu preciosa vida.
Mas ya tu amante al occidente pasa,
y allí tornas la faz descolorida.

Que alas te dan para volar parece
tus palpitantes hojas desplegadas,
y hasta el divino sol que desparece
transportarte del tallo arrebatadas.

Tú le viste esconderse lentamente,
y la tierra de sombras inundarse.
Una vez y otra vez brilló en oriente,
y una vez y otra vez volvió a ocultarse.

Al peso de las horas agobiada,
por las ardientes siestas consumida,
presto sin vida, seca y deshojada,
caerás deshecha, en polvo convertida.

¿Qué te valió tu ambición, por más que el vuelo
del altanero orgullo remontaste?
Tu mísera raíz murió en el suelo,
y ese sol tan hermoso que adoraste

sobre tus tristes fúnebres despojos
mañana pasará desde la cumbre.
Ni a contemplar se detendrán sus ojos
que te abrasaste por amar su lumbre.

ÚLTIMO CANTO*

Emilio, mi canto cesa;
falta a mi numen aliento.
Cuando aspira todo el viento
que circula en su fanal,

el insecto que aprisionas
en su cóncavo perece
si aire nuevo no aparece
bajo el cerrado cristal.

Celebré de mis campiñas
las flores que allí brotaron
y las aves que pasaron
y los arroyos que hallé,

mas de arroyos, flores y aves
fatigado el pensamiento
en mi prisión sin aliento
como el insecto quedé.

* De *Poesías*, Madrid, n.p., 1852, pp. 30-31. Este poema, como otros
 ̄ios de esta edición, está dirigido a Emilio, el hermano menor, todavía
 ̄o, de la poeta.

[...]

Agoté como la abeja
de estos campos los primores
y he menester nuevas flores
donde perfumes libar,

o, cual la abeja en su celda,
en mi mente la poesía
ni una gota de ambrosía
a la colmena ha de dar.

No anhela tierra el que ha visto
lo más bello que atesora,
ni la desea el que ignora
si hay otra tierra que ver:

mas de entrambos yo no tengo
la ignorancia ni la ciencia,
y del mundo la existencia
comprendo sin conocer.

Sé que entre cien maravillas
el más caudaloso río
gota leve de rocío
es en el seno del mar,

y que en nave cual montaña
que mi horizonte domina
logra la gente marina
por esa región cruzar.

[...]

Mar, ciudades, campos bellos,
velados, ¡ay! a mis ojos;
sólo escucho para enojos
vuestros nombres resonar.

Ni de Dios ni de los hombres
las magníficas hechuras
son para el ciego que a oscuras
la existencia ha de pasar.

Tal ansiedad me consume,
tal condición me quebranta:
roca inmóvil es mi planta,
águila rauda mi ser...

¡Muera el águila a la roca
por ambas alas sujeta,
mi espíritu de poeta
a mis plantas de mujer!

Pues tras de nuevos perfumes
no puede volar mi mente
ni respirar otro ambiente
que el de este cielo natal,

no labra ya más panales
la abeja a quien falta prado,
perece el insecto ahogado
sin más aire en su fanal.

(1846)

LIBERTAD*

Risueños están los mozos,
gozosos están los viejos,
porque dicen, compañeras,
que hay libertad para el pueblo.
Todo es la turba cantares,
los campanarios estruendo,
los balcones luminarias,
y las plazuelas festejos.
Gran novedad en las leyes,
que, os juro que no comprendo,
ocurre cuando a los hombres
en tal regocijo vemos.
Muchos bienes se preparan,
dicen los doctos al reino;
si en ello los hombres ganan,
yo, por los hombres me alegro,
mas por nosotras, las hembras,
ni lo aplaudo ni lo siento,
pues aunque leyes se muden,
para nosotras no hay *fueros*.

* De *Poesías*, 1852, pp. 70-71.

¡Libertad! ¿qué nos importa?
¿qué ganamos, qué tendremos?
¿un encierro por *tribuna*
y una aguja por *derecho*?
¡Libertad! pues ¿no es sarcasmo
el que nos hacen sangriento
con repetir ese grito
delante de nuestros hierros?
¡Libertad! ¡ay! para el llanto
tuvímosla en todos tiempos;
con los déspotas lloramos,
con los tribunos lloraremos;
que, humanos y generosos
estos hombres, como aquellos,
a sancionar nuestras penas
en todo siglo están prestos.
Los mozos están ufanos,
gozosos están los viejos,
igualdad hay en la patria,
libertad hay en el reino.
Pero os digo, compañeras,
que la ley es sola de ellos,
que las hembras no se cuentan
ni hay Nación para este sexo.
Por eso aunque los escucho,
ni me aplaudo ni lo siento;
si pierden, ¡Dios se lo pague!
y si ganan, ¡buen provecho!

(1846)

121

Amalia Fenollosa
(1825-1869)

Hija de un médico, Fenollosa vivió en Castellón de la Plana hasta casarse. Tenía once años cuando empezó a escribir poesía; una colección de su poesía salió en 1843 cuando sólo tenía dieciocho años. Mantuvo amistades epistolares con Vicenta García Miranda y Manuela Cambroneo. Disfrutó del apoyo del poeta catalán, Víctor Balaguer, quien le ayudaba a publicar su poesía. También le dedicó a ella un poema. Fenollosa colaboraba en casi todas las revistas que publicaban poesía escrita por mujeres en la década de 1840. Algunas de sus mejores composiciones salieron en El Pensil del Bello Sexo, *la antología de poesía femenina publicada por Balaguer en 1845 como suplemento de* El Genio (Barcelona). *En estos años conoció a Juan Mañé y Flaquer, joven intelectual con quien se casó por poderes en 1851. Vivieron luego en Barcelona, donde Mañé fue director del* Diario de Barcelona *y luego catedrático de latín y castellano. A partir de su matrimonio, se dedicó por entero a su familia y dejó de componer poesía. Murió joven de cáncer.*

UN DESEO DE AMOR*

Dulce cual sueño de ilusión ferviente
que me halaga en blanda primavera,
se presentaba a mi risueña mente
la vida deliciosa y placentera,
    cercada del encanto,
lejos del mal y del feroz quebranto.

Mas cuando creí ver de la ventura
el benéfico rostro cariñoso,
vino de negras penas turba impura
a destruir de golpe mi reposo,
    colmando de dolores
una existencia de lucientes flores.

Desde aquel día mi sensible pecho
entregado al dolor suspira y llora,
y en ardorosas lágrimas deshecho,
le mira siempre la rosada aurora,
    sin que su rayo inmenso
logre aliviarle en su infortunio intenso.

* De *El Genio*, Barcelona, 10 noviembre 1844, pp. 52-53.

Es tan tirana para mí la suerte
que hasta la dicha del amor sensible
en ponzoñoso acíbar la convierte,
haciendo lento mi penar horrible,
 en el alma abrasada
derramando su copa malhadada.

Pues vivir con amor sin esperanza,
y ver arder el corazón sediento,
herido por las flechas que nos lanza,
turbando la razón y el pensamiento,
 es tan terrible pena
que a una próxima muerte nos condena.

La esperanza, la duda y el deseo
de continuo agitando el alma mía,
en mi amargo dolor llorosa creo
ceder al golpe de la parca impía,
 pues en tan crudo estado
sólo muriendo confundiera el hado.

¿De qué me sirve el existir, si sólo
vivo para llorar continuamente?
¿De qué me sirve el luminoso Apolo
que baña con sus luces el Oriente?
 Su disco es a mi vista
una antorcha fatal que me contrista.

En vano en la florida primavera
esparce sus favores la natura;
en vano brilla en la celeste esfera
con plateada luz estrella pura:
 para quien gime ausente,
nada se encuentra dulce ni riente.

Lejos de ti, mi bien idolatrado,
paso llorando mis amargos días,
como la rosa del invierno helado
muriendo en las desiertas praderías
  sin el lozano brío
que recibe del aura en el estío.

Amarte con amor profundo y tierno,
y lamentar tu interminable ausencia,
ver arder en el alma un negro infierno,
cercada de tristezas la existencia,
  es la dicha preciosa
que oculta las espinas tras la rosa.

Amar y padecer sin el consuelo
de lograr mis deseos fervorosos,
pedir llorando compasión al cielo
para gustar los goces amorosos,
  es uno de los males
tan fieros para mí como fatales.

Y el ver una pasión tan decidida
a un eterno silencio condenada,
disecando las fuentes de una vida
por sus perennes fuegos abrasada,
  es un dolor insano
muy superior al sufrimiento humano.

En la sombría noche reclinando
mis fatigados miembros en el lecho,
que no concilia nunca el sueño blando,
me entrego totalmente a mi despecho,
  sin que pueda llorosa
resistir esta lucha dolorosa.

Y en la mañana cuando el verde monte
manifiesta sus dones a la aurora,
y se extiende risueño el horizonte
con el puro arrebol que le colora,
    entonces es más viva
mi pena con tan bella perspectiva.

Todo lejos de ti se muestra fiero,
nunca mora en mis labios la sonrisa,
y es mi constante amor tan verdadero
que ya sin duda en el delirio frisa.
    El mal que me maltrata
cuando más reprimido, más me mata.

Tú también lloras como yo y suspiras
esperando otro bien con otra suerte,
unidas van nuestras discordes liras,
ni separarnos logrará la muerte,
    pues en la tumba fría
reposará a tu lado el alma mía.

Castellón. Noviembre 1842

A UNA FLOR*

I

Hermosa flor, que en aromoso prado
alzaste entre las otras tu corola,
y dejaste el ambiente embalsamado
con tu esencia de nardo y de viola:

    Flor delicada y pura,
    encanto de mi pecho,
    ¿quién cruel ha deshecho
    tu plácida hermosura?

Brillaste un día en la pradera amena
nutriéndote la aurora con su llanto,
y de sus blancas perlas te vi llena,
mostrándote más bella que el acanto.

    Los céfiros te daban
    sus besos seductores,
    y con blandos favores
    tus gracias halagaban.

*De *La Elegancia*, 1846, pp. 44-45.

128

Manso el arroyo con murmullo lento
tu verde, altivo tallo humedecía,
y el insectillo de placer sediento
apuraba tu cáliz de ambrosía;

y la aurora sonrosada
que te miraba de lejos
con sus cándidos reflejos
supo hacerte purpurada.

II

Llenos de gloria tus primeros días
viera mi pecho con placer pasar,
y entre risas y dulces alegrías
tu belleza selvática brillar.

El iris tus colores envidiaba,
tus aromas las *otras* del pensil;
tu belleza preciosa ambicionaba
la mariposa plácida y sutil.

El Sirio respetaba tu frescura
y pasaba su aliento abrasador
sin ofender tu cándida hermosura
ni tu brillo gracioso y seductor.

Los vendabales, notos y aquilones,
que imperando en la frígida estación
privan al valle de sus bellos dones
y llevan el espanto a su región,

ligeros como el humo y horrorosos
cerca tu tallo los miré también,
hollando los jacintos orgullosos
y respetando tu dorada sien.

Todo fue gloria para ti, inocente;

hasta el hombre tu brillo respetó,
pero el hado terrible ¡ay! e inclemente
para siempre tus gracias abatió.

III

Horrible y atroz tormenta
en noche fiera y fatal
tras de nube amarillenta
mostró su fuerza infernal.
En sus alas se veían
los genios de la maldad,
que a los del bien combatían
por la cruda tempestad.
Mil sombras negras y oscuras
de los rayos a la luz
se divisaban impuras
envueltas en su capuz.
Una lluvia procelosa
descendió para abatir
la floresta deliciosa
que empezaba ya a lucir;
y su furia maldiciente
te robó la esencia, flor,
y te privó cruelmente
de tu gracia y tu color.
A su insana violencia
tu blancura de jazmín,
que era emblema de inocencia
en el valle y su confín,
huyó cual sueño, y volaron
tus encantos y placer,

y tan sólo te dejaron
el amargo padecer.

Tus bellas hojas marchitas
perdieron su brillantez,
y tus gracias exquisitas
las cubrió la palidez.

Deshojada, macilenta,
hecha imagen de pesar,
con la vista se acrecienta
mi amargura y mi penar.

Eres ¡ay! tan desgraciada
como infelice soy yo,
por el noto destrozada
que mi vida desgarró.

Fuiste *flor* de mi esperanza
que lozana vi crecer,
y que en tiempo de bonanza
te adoraba cual mujer.

¡Pereciste! Tu perfume
se perdió y tu juventud:
así el dolor me consume
sin tu alivio y tu virtud.

Vicenta García Miranda
(1816-?)

Nació en el pueblo extremeño de Campanario; su padre, un farmacéutico, murió cuando ella tenía quince años. Vivió con su tío, quien le prohibió escribir y estudiar, aunque una hermana religiosa y un amigo de la familia le ayudaban. A los diecisiete años se casó con un médico, Antonio Ángel de Salas Gallardo, y en 1841 nació su hijo, que murió once meses después. El año siguiente murió su marido. Viuda y sola a los 27 años, leyó unas poesías de Carolina Coronado y se sintió inspirada a seguir su ejemplo. Compuso unos versos que envió a Coronado, pidiendo sus consejos y ayuda. Ésta respondió con generosidad, y mandó un poema de García Miranda a El Defensor del Bello Sexo (Madrid, 1845) con una carta presentando la nueva poeta a los lectores. En Campanario, un poeta local ayudó a la joven viuda a suplir las lagunas de su formación literaria haciéndole un manual sobre la versificación. Ella también trabó amistades epistolares con casi todas las poetas conocidas de esta época. Entre 1845 y 1857, García Miranda colaboró en varias revistas literarias y publicó una colección de poesía, Flores del valle, en 1855. Sus poemas tienen un marcado matiz liberal; escribió algunos poemas sobre temas políticos. Al final de su vida se quedó ciega.

A LAS ESPAÑOLAS*

Alzad, hermosas, la abatida frente,
que ya brilla en Oriente
del día suspirado la alba aurora;
y ya por las naciones
de romper sus prisiones
el sexo femenil, suena la hora.

Ya proclaman los nobles castellanos
que son nuestros hermanos,
no cual antes los fieros dictadores,
y que les falta aliento
para aun del pensamiento
de la débil mujer ser los señores.

Ya publican que leyes homicidas
de nuestras tristes vidas
hasta hicieron amargos los placeres:
leyes que ellos nos dieron,
porque no comprendieron
cuánto fuera el valor de las mujeres.

* De *La Gaceta del Bello Sexo,* 15 diciembre 1851, pp. 10-12. Tambié
fue publicado en la colección de poemas de García Miranda, *Flores del v•
lle,* Badajoz, Imp. Gerónimo Orduña, 1855.

Ya nos dejan pensar, porque han tocado
que fue su juicio errado
al hacernos vivir tan subyugadas,
y que es una imprudencia
pensar que la inocencia
pudiéramos perder más ilustradas.

Hoy no buscan los hombres para esposa
sólo la niña hermosa,
ignorante de todo y recatada,
sin voluntad ni antojos,
y muda en sus enojos,
al yugo de su dueño resignada,

no; porque la experiencia, que no miente,
les hizo ver patente
que su odioso poder era un delirio,
puesto que no es posible
sea a su amor sensible
el ser de cuya vida es el martirio.

[...]

Ved, pues, quieren rompáis los eslabones
de las duras prisiones
que os puso el egoísmo en su demencia,
y cuidéis el tesoro
más preciado que el oro,
de vuestra superior inteligencia.

Ved que os dicen: mujeres, si hasta el día
el hombre os suponía
seres sin voluntad, de juicios vanos,
de escaso entendimiento,
y de menguado aliento
para entrar de la ciencia en los arcanos,

hoy confiesa que torpe se engañaba,
cuando tan mal juzgaba
vuestra alma, que aun en cárcel dura gime;
y que de vuestra mente,
cual rápido torrente,
brota la inspiración pura y sublime;

que fue grave injusticia cuando osados
mil derechos sagrados
os negaron en mengua de Dios mismo
con el vago pretexto
de que el saber funesto
abría a las mujeres un abismo.

¡Oh deplorable error!... y ¡cuántos males
creencias tan fatales
causaron a sensibles criaturas!
¡Oh! ¡cuánto de quebranto,
y qué de acerbo llanto
les hicieron verter leyes tan duras!

[...]

¡Oh, mujeres! luchar a vida o muerte,
sin que el ánimo fuerte
desmaye en la pelea a que briosas
algunas se han lanzado
del sexo exclavizado
por romper las cadenas ominosas.

[...]

Al orbe demostrad con vuestros hechos
que alienta en vuestros pechos
un noble corazón, cuya ternura
no agota de la ciencia

la mágica influencia,
y sí que su corriente hace más pura.

Ancho campo tenéis; franca la senda:
volad a la contienda
las que para vencer tengáis aliento;
y adornen vuestras frentes
los lauros reverentes
con que la sociedad premia el talento.

Y cuando del que os befa hayáis triunfado,
y os pida avergonzado
ser en vuestras banderas admitido,
no le neguéis las manos,
que es de pechos villanos
la venganza saciar en el vencido.

Yo desde aquí os veré, yo sin ventura,
que a la suprema altura
no me es dado elevar mi escaso vuelo;
y de silvestres flores,
mis únicos primores,
tributo os rendirá mi ardiente anhelo.

Campanario, octubre de 1851·

137

RECUERDOS Y PENSAMIENTOS*

A CAROLINA

Hoy que quiero aclarar mis impresiones
y quiero analizar mis sentimientos;
hoy que quiero bajar al pecho mío
y abrir del corazón todos los senos,
y los resortes ver que le movieran
a sentir y gozar en todo tiempo
sin fuerzas ni vigor hallo la mente,
pues no la inflama ni la mueve el estro,
y la mano, al pulsar mi dulce lira,
no saca de sus cuerdas un acento.
Mas yo quiero cantar, y cual atleta
lucharé por romper el denso velo
que siempre me ocultó del alma mía
las pasiones, los goces, los misterios.
Hoy quiero, en fin, saber por qué se agita,
por qué bate sus alas, y en su vuelo

---

* De *Flores del valle*, pp. 146-153. Este largo poema, del que sólo reproducimos la primera parte, fue dedicado a Carolina Coronado, quien hizo posible con su ejemplo y con su ayuda que García Miranda escribiese poesía.

ya le roba al jazmín su dulce aroma,
ya a los rayos del sol el grato fuego,
sus nítidos colores a la rosa,
su blando susurrar al arroyuelo,
sus trinos melodiosos a las aves
y sus alas velígeras al céfiro,
y todo, todo a los acordes gratos
de mi amado laúd lo canta luego.
Empero ya aclarando voy la duda
que me tiene en tortura el pensamiento,
y lo comprendo más al ir atenta
la escala de mi vida recorriendo,
y al contar mis instintos, mis placeres,
mis propensiones todas, mis afectos,
mis tristezas, mis ansias, mis afanes,
y los del corazón vagos deseos.*
En aqueste pasado de ignorancia,
en aqueste pasado tan funesto,
en aqueste pasado sin ventura,
de dolores, de lágrimas, de duelo,
de instintos reprimidos, de esperanzas
muertas, así nacían en mi seno,
de dulces ilusiones destruidas,
al fin con claridad perfecta leo
que mi alma al nacer era poeta,
no después encarnado fue el genio.
Sus potencias el ocio no enervara,
fue la desgracia sólo, bien me acuerdo.

[...]

Pero antes de esta lucha con la suerte,

---

*El propósito romántico de comprenderse y revelarse narrando la propia
da queda bien explícito aquí.

antes de sucumbir a sus violentos,
a sus rudos ataques, yo distingo
así como al trasluz de claro velo,
agitarse el fantasma de unos días
para mí de ventura siempre llenos.
Aquel tiempo feliz, tiempo dichoso,
tiempo de bendición, ¡amado tiempo!
fue la aurora y ocaso de mi dicha,
fue mi gloria, a la vez que fue mi infierno.

[...]

Dióme el cielo de guía en este mundo,
de instruido mentor y de maestro,
un padre que me amaba tiernamente,
formando yo su encanto, su embeleso.
¡Padre del corazón! ¡Padre adorado!
Cómo apenan mi alma los recuerdos
de aquellas horas que pasamos juntos
en reposo feliz en el otero,
mostrándome tu voz del horizonte
los colores tan varios, tan opuestos,
los mil y mil rumores de natura,
los cantos de las aves hechiceros,
que aquel sublime ¡adiós! que al despedirse
de la tierra infeliz nos daba Febo;
y brillando tus ojos de ternura,
y lleno de emoción tu noble pecho,
al alma de tres años de tu hija
lanzabas de la tuya todo el fuego.
¿Qué vistes en mi frente, padre mío?

[...]

¿Fue que tú comprendiste solamente
de mi lengua naciente el balbuceo,

y a un tiempo presintiendo la desgracia
que me robara en ti mi fiel maestro,
quisiste tu misión dejar cumplida,
aprovechando así tu corto tiempo?

[...]

Así lo quiso Dios ¡padre del alma!
Tú acataste sumiso sus decretos,
y el lecho del dolor fue por diez años
tu triste, tu terrible cautiverio,
y a su lado esta hija infortunada
unía su gemir a tus lamentos.
Todo en mí se acabó: todo mi mundo
el radio vino a ser de tu aposento.

[...]

¡Ay! tantas privaciones, tantas penas,
tantos del corazón pesos fieros,
del árbol de mi vida marchitaron
los que ya prometía frutos bellos.

[...]

Mas en medio de tantas desventuras,
en medio de dolores tan intensos,
mi alma se afanó por conservar
su vigor primitivo siempre ileso
en un seno cerrado a los errores,
un seno al entusiasmo siempre abierto.
Cuántas ¡ay! cuántas veces, si el acaso
me llevó a contemplar en el silencio
de una noche serena del estío
el ancho y azulado firmamento,
el trémulo fulgor de las estrellas,
el vago titilar de los luceros,

[...]

[y] los acordes, los gratos, dulces ecos
de música nocturna percibiera,
angosto el corazón hallaba el pecho
para ver de encerrar tanto entusiasmo,
y tantos a la vez goces inmensos.

[...]

La que tanto sentía fue poeta,
fue poeta al nacer, no pudo menos;
y el numen, cuando nace con la vida,
puede dormir, ¿pero extinguirse? niego.

[...]

¿Mas cómo despertó? ¿Cómo los lazos
que fieros le amarraban se rompieron?

[...]

Sólo puedo decir que a mi retiro
por acaso llegó perdido un eco,
un eco solamente de otra lira,
lira de otra mujer, que honra su sexo,*
y penetró en mi alma tan sonoro,
y se extendió vibrando por los senos
de mi fiel corazón ¡tan entusiasta!
de mi fiel corazón, que al choque eléctrico
pensé que en mil pedazos se rompiera,
no cabiendo de júbilo en el pecho.
Las venas de mi frente se inyectaron,
cruzaban mil fantasmas mi cerebro;
en tensión mis arterias no latían,
y mi mente sufría horrible vértigo.

* Se refiere a la poesía de Carolina Coronado.

Mas pasada esta crisis tan penosa,
al ceder este estado tan violento,
moduló mi garganta unos sonidos.

[...]

Desde entonces mi ser no se resiente
de aquella represión del pensamiento;
pues ya libre se tiende por los prados,
ya libre de los aires sube al cielo,
y libre, cuanto siente, cuanto admira,
lo canta del laúd a los concentos.
Aqueste bienestar que hora disfruto,
esta dicha, esta paz a ti la debo,
¡preciosa Carolina! pues tus cantos
de armonioso entusiasmo siempre llenos,
despertaron mi numen adormido...

Campanario, 1849

Gertrudis Gómez
de Avellaneda

Gertrudis Gómez de Avellaneda
(1814-1873)

*H*ija de un militar español y de una criolla, nació en
Puerto Príncipe, Cuba. Muerto su padre y casada en
*s*egundas nupcias su madre, se trasladó a España con su
*f*amilia. Mal avenida con la familia de su padrastro en Ga-
*l*icia, Gómez de Avellaneda fue con su hermano a Sevilla a
*c*onocer la familia de su padre. Allí empezó a labrar con
*g*ran determinación una carrera literaria. Fue a Madrid en
*1*841, donde obtuvo un éxito inmediato leyendo sus poe-
*m*as en el Liceo. Ese mismo año aparecieron sus Poesías y
*s*u novela Sab, la primera de tema abolicionista publicada
*e*n español. En los años siguientes publicó más novelas,
*e*ntre ellas Dos mujeres, obra que critica la institución del
*m*atrimonio. En 1844 triunfó en el teatro su drama Munio
*A*lfonso.

Un espistolario publicado después de su muerte revela
*q*ue en Sevilla se había enamorado de Ignacio Cepeda. En
*M*adrid tuvo relaciones amorosas con el poeta Gabriel Tas-

sara y de él tuvo una hija que murió a los pocos meses. E. 1845 se casó con el político Pedro Sabater, que padecía a cáncer de garganta y murió el mismo año. En 1855 contra jo segundas nupcias con el coronel de infantería Doming Verdugo. Mientras tanto, seguía con su actividad literaria sacando una segunda edición de sus Poesías *en 1850 y ob teniendo muchos éxitos teatrales con dramas como* Saú *(1849) y* Baltasar *(1858). Murió viuda a los 59 años.*

AL PARTIR*

SONETO

¡Perla del mar! ¡Estrella de Occidente!
¡Hermosa Cuba! Tu brillante cielo
la noche cubre con su opaco velo,
como cubre el dolor mi triste frente.

¡Voy a partir!… La chusma diligente,
para arrancarme del nativo suelo
las velas iza, y pronta a su desvelo
la brisa acude de tu zona ardiente.

¡Adiós, patria feliz, edén querido!
¡Doquier que el hado en su furor me impela
tu dulce nombre halagará mi oído!

¡Ay! que ya cruje la turgente vela,
¡el ancla se alza, el buque, estremecido,
las olas corta y silencioso vuela!

---

*Con este soneto empieza la primera colección de poemas de la autora, *Poesías,* Madrid, Prensa Tipográfica, 1841, p. 7.

A ÉL*

Era la edad lisonjera
en que es un sueño la vida,
era la aurora hechicera
de mi juventud florida,
en su sonrisa primera:
    cuando contenta vagaba
por el campo, silenciosa,
y en escuchar me gozaba
la tórtola que entonaba
su querella lastimosa.
    Melancólico fulgor
blanca luna repartía,
y el aura leve mecía
con soplo murmurador
la tierna flor que se abría.
    ¡Y yo gozaba! El rocío,
nocturno llanto del cielo,
el bosque espeso y umbrío,

*Ésta es la primera versión de este poema, la que fue publicada en *Poe* *sías*, 1841, pp. 49-54.

148

la dulce quietud del suelo,
el manso correr del río.

Y de la luna el albor,
y el aura que murmuraba,
acariciando a la flor,
y el pájaro que cantaba,
todo me hablaba de amor.

Y trémula, palpitante,
en mi delirio extasiada,
miré una visión brillante,
como el aire perfumada,
como las nubes flotante.

Ante mí resplandecía
como un astro brillador,
y mi loca fantasía
al fantasma seductor
tributaba idolatría.

Escuchar pensé su acento
en el canto de las aves:
eran las auras su aliento
cargadas de aromas suaves,
y su estancia el firmamento.

¿Qué ser divino era aquél?
¿Era un Ángel o era un hombre?
¿Era un Dios o era Luzbel...?
¿Mi visión no tiene nombre?
¡Ah! nombre tiene... ¡Era *él*!

El alma guardaba tu imagen divina
y en ella reinabas ignoto señor,
que instinto secreto tal vez ilumina
la vida futura que espera el amor.

Al sol que en el cielo de Cuba destella,
del trópico ardiente brillante fanal,

tus ojos eclipsan, tu frente descuella
cual se alza en la selva la palma real.

Del genio la aureola, radiante, sublime,
ciñendo contemplo tu pálida sien,
y al verte, mi pecho palpita, y se oprime,
dudando si formas mi mal o mi bien.

Que tú eres no hay duda mi sueño adorado,
el ser que vagando mi mente buscó,
mas ¡ay! que mil veces el hombre, arrastrado
por fuerza enemiga, su mal anheló.

Así vi a la mariposa
inocente, fascinada
en torno a la luz amada
revolotear con placer.

Insensata se aproxima
y le acaricia insensata,
hasta que la luz ingrata
devora su frágil ser.

Y es fama que allá en los bosques
que adornan mi patria ardiente,
nace y crece una serpiente
de prodigioso poder,

que exhala en torno su aliento
y la ardilla palpitante,
fascinada, delirante,
corre... ¡y corre a perecer!

¿Hay una mano de bronce,
fuerza, poder, o destino,
que nos impele al camino
que a nuestra tumba trazó?

¿Dónde van, dónde, esas nubes
por el viento compelidas?...
¿Dónde esas hojas perdidas

que del árbol arrancó?
    Vuelan, vuelan resignadas,
y no saben donde van,
pero siguen el camino
que les traza el huracán.
    Vuelan, vuelan en sus alas
nubes y hojas a la par,
ya los cielos las levante
ya las sumerja en el mar.
    ¡Pobres nubes! ¡pobres hojas
que no saben dónde van!...
pero siguen el camino
que les traza el huracán.

(1840)

A ★ ★ ★*

No existe lazo ya: todo está roto:
plúgole al cielo así: ¡bendito sea!
Amargo cáliz con placer agoto:
mi alma reposa al fin: nada desea.

Te amé, no te amo ya; piénsolo al menos.
¡Nunca, si fuere error, la verdad mire!
Que tantos años de amarguras llenos
trague el olvido; el corazón respire.

Lo has destrozado sin piedad: mi orgullo
una vez y otra vez pisaste insano...
mas nunca el labio exhalará un murmullo
para acusar tu proceder tirano.

De graves faltas vengador terrible,
dócil llenaste tu misión: ¿lo ignoras?
No era tuyo el poder que irresistible
postró ante ti mis fuerzas vencedoras.

---

* De la segunda edición ampliada de *Poesías,* Madrid, Delgras Herma-
nos, 1850, pp. 233-234. En ediciones posteriores tiene el título "A él". Este
poema influyó en otras poetas. Véase "La despedida" de Ángela Grassi.

¡Quísolo Dios y fue: gloria a su nombre!
Todo se terminó: recobro aliento.
¡Ángel de las venganzas! ya eres hombre...
ni amor ni miedo al contemplarte siento.

Cayó tu cetro, se embotó tu espada...
Mas ¡ay! ¡Cuán triste libertad respiro!
Hice un mundo de ti, que hoy se anonada,
y en honda y vasta soledad me miro.

¡Vive dichoso tú! Si en algún día
ves este *adiós* que te dirijo eterno,
sabe que aún tienes en el alma mía
generoso perdón, cariño tierno.

ROMANCE*

CONTESTANDO A OTRO DE UNA SEÑORITA

No soy *maga* ni *sirena*,
ni *querub* ni *pitonisa*,
como en tus versos galanos
me llamas hoy, bella niña.
    Gertrudis tengo por nombre,
cual recibido en la pila;
me dice *Tula* mi madre,
y mis amigos la imitan.
    Prescinde, pues, te lo ruego,
de las *Safos* y *Corinas*,
y simplemente me nombra
Gertrudis, Tula o amiga.
    Amiga, sí; que aunque tanto
contra tu sexo te indignas,
y de maligno lo acusas
y de envidioso lo tildas,
    en mí pretendo probarte
que hay en almas femeninas

* De *Poesías*, 1850, pp. 243-245.

154

para lo hermoso entusiasmo,
para lo bueno justicia.

Naturaleza madrastra
no fue (lo ves en ti misma)
con la mitad de la especie
que la razón ilumina.

No son las fuerzas corpóreas
de las del alma medida;
no se encumbra el pensamiento
por el vigor de las fibras.

Perdona, pues, si no acato
aquel fallo que me intimas;
como no acepto el elogio
en que lo envuelves benigna.

No, no aliento ambición noble,
como engañada imaginas,
de que en páginas de gloria
mi humilde nombre se escriba.

Canto como canta el ave,
como las ramas se agitan,
como las fuentes murmuran,
como las auras suspiran.

Canto porque al cielo plugo
darme el estro que me anima;
como dio brillo a los astros,
como dio al orbe armonías.

Canto porque hay en mi pecho
secretas cuerdas que vibran
a cada afecto del alma,
a cada azar de la vida.

Canto porque hay luz y sombras,
porque hay pesar y alegría,
porque hay temor y esperanza,
porque hay amor y hay perfidia.

155

Canto porque existo y siento,
porque lo grande me admira,
porque lo bello me encanta,
porque lo malo me irrita.

Canto porque ve mi mente
concordancias infinitas,
y placeres misteriosos,
y verdades escondidas.

Canto porque hay en los seres
sus condiciones precisas:
corre el agua, vuela el ave,
silba el viento, y el sol brilla.

Canto sin saber yo propia
lo que el canto significa,
y si al mundo, que lo escucha,
asombro o lástima inspira.

El ruiseñor no ambiciona
que lo aplaudan cuando trina...
latidos son de su seno
sus nocturnas melodías.

Modera, pues, tu alabanza,
y de mi frente retira
la inmarchitable corona
que tu amor me pronostica.

Premiando nobles esfuerzos,
sienes más heroicas ciña;
que yo al cantar solo cumplo
la condición de mi vida.

Enero de 1846

Ángela Grassi
(1823-1883)

*H*ija de un músico italiano, nació en Cremá y se tras-
ladó con su familia a Barcelona cuando tenía seis
años. Estudió música, pero muy joven dio muestras de su
vocación literaria: el estreno en 1842 de su drama Crimen y
explicación fue todo un éxito. En la década siguiente escri-
bió más teatro y publicaba poesía en las revistas literarias.
Siete de sus poemas fueron incluidos en la antología El
Pensil del Bello Sexo publicado por Víctor Balaguer en
Barcelona en 1845. En 1851 apareció una colección de sus
poemas, con una segunda edición ampliada en 1871. En la
década de 1860 llegó a ser una de las portavoces más desta-
cadas de la ideología conservadora acerca de la mujer, pu-
blicando numerosas novelas y cuentos que propagaban la
imagen del ángel del hogar, frase que dio título a sus Estu-
dios morales acerca de la mujer (1874). En 1867, ya ca-
sada con el escritor Vicente Cuenca, propietario de El Co-
rreo de la Moda, se hizo directora de este semanario, cargo
que ocupó hasta su muerte en 1883.

SIN ESPERANZA*

¿Qué es lo que siento aquí, Dios soberano?
¿Qué fuego se derrama por mis venas?
¡En apagarle trémula me afano,
y contener su incendio puedo apenas!

¿Qué es lo que siento aquí, que me da enojos?
¿Qué es lo que turba mi tranquila calma?
¿Qué imagen se presenta ante mis ojos?
¡Ay, que a su imperio se ha rendido el alma!

Yo amo... ¡sí! ¿Esto es amor?... Dios mío,
no es el arroyo que florida ruta
plácido va trazando; ¡es el impío
torrente mugidor que el campo enluta!

¿Quién ha encendido esta gigante llama?
¿Quién tal hoguera fomentó en mi pecho?
¡No es hoguera, es volcán el que me inflama!
Mis antiguos recuerdos, ¿qué se han hecho?

---

*Texto tomado de *Poesías*, 1871, pp. 64-65. Publicado por primera vez en *El Vergel de Andalucía*, 26 octubre 1845. En su expresión abierta y sin reserva de la pasión, este poema es atípico en la poesía amorosa escrita por mujeres en esta época.

¿Dó te has ido? ¿dó estás, sombra querida,
que ya no acudes a mi fiel reclamo?
Pero no vengas, no... que fementida
amo, ¡oh vergüenza! y no eres tú a quien amo.

Es a él... ¡Calla, calla!... ¡No me abrume
tu justa maldición! ¡Cuánto he luchado!
¡Ay de aquel que triunfar necio presume!...
Mas alienta, mi bien, ¡estás vengado!

Amar sin ser amada, consumirse
en ardiente pasión que crece y crece,
ante él de indiferencia revestirse
mientras el alma de dolor fallece...

Contemplarle a mi lado, oír su acento,
hallar de su mirada el dulce encanto,
y no poder decirle lo que siento,
¡y tener que ocultarle hasta mi llanto!...

Me consumo, me abraso, no resisto
la lucha desigual que me devora...
¡Apártate de mí! ¿Por qué te he visto
fatal imagen que mi pecho adora?...

¡A ti, mi Dios, el corazón se lanza,
el cáliz al beber de tanto duelo,
que es muy horrible amar sin esperanza,
y vivir en el mundo sin consuelo!

¡Oh Dios de compasión, Salvador mío,
contempla de mi pecho la tormenta:
o calma tú el rigor del hado impío,
o dame un corazón que menos sienta!...

A MI QUERIDA AMIGA

D.ª MATILDE DE BAJO*

¿Ves ese árbol que orgulloso
en su hermosura se ufana,
y su ramaje cimbrea
ostentando nuevas galas?
  Mil arbustos perfumados
se entrelazan a su planta;
le acaricia blandamente
el dulce soplo del aura.
Las tiernas aves le arrullan,
el sol con su luz le baña,
de dosel le sirve el cielo,
de alfombra la verde grama.
  Es verdad que el leve soplo
de la brisa perfumada
si se arrecia, algunas hojas
con sus besos le arrebata;
es verdad que el triste otoño
con sus hielos se adelanta;
mas, ¿qué importa a su altivez?
¿Qué le importa? ¡Tiene tantas!

* Texto tomado de *Poesías*, 1871, pp. 102-103.

160

¡Presuntuosa juventud!
También en su edad temprana
nada le importa al mortal
el perder una esperanza.
Nace una dulce ilusión
en do una ilusión se acaba,
y cual leve mariposa
de flor en flor se abalanza.
¿Qué le importan de otra edad
las referidas desgracias,
si sus tiernos compañeros
de delicias se embriagan?
No comprende ese murmullo
de mil quejas y plegarias,
ni ese místico doblar
de la fúnebre campana.
Nada fija su atención,
nada le roba la calma:
¡Lejano es el mal, gocemos!
con febril locura exclama.

Mas ¡ay! pronto el triste otoño
con su brisa emponzoñada,
al árbol despojará
de su verdura galana.
Secas, tristes e inodoras
quedarán sus bellas ramas,
y caerán una por una
esas hojas perfumadas.
Marchitas verá las flores
que aromas le tributaban:
las avecillas huirán
de su copa deshojada,
cubrirá su yerto tronco
con blanco manto la escarcha,

y en vano pedirá al sol
que le preste nueva savia.
¡Ay del alma que al subir
por la pendiente montaña
de su existencia, en la cima
detiene la incierta planta!
¡La subida es breve y fácil,
escabrosa la bajada!
¡Allí flores y vergeles,
aquí ruinas, aquí escarchas!
Ya comprende esos lamentos
y el doblar de esas campanas.
¿Qué se hicieron los alegres
compañeros de su infancia?
¡Uno tras otro la muerte
arrebató con sus garras!
¡Uno tras otro del dolo
probaron la hiel amarga!
Ya sin fe, sin ilusiones,
de tristeza llena el alma,
halla espinosos abrojos
do placeres encontraba.
¡De negro crespón vestida
verá de hoy más la esperanza,
cual por término le muestra
una tumba solitaria!

   ¡Feliz ¡ay! si de otra edad
conservó una flor preciada,
y a tierna alma compañera
dulce vínculo le enlaza,
que una en otra sostenidas
juntando amor y esperanza,
por esa senda de abrojos
marcharán con firme planta!

LA DESPEDIDA*

¡Hubo un tiempo te amé! ¡Dentro del pecho
un altar te erigí: tú eras el solo
único objeto de mi ardiente culto,
mi sumo bien, mi religión, mi todo!
   En ti cifraba mi existencia entera,
por ti el vivir me pareció dichoso,
bella la muerte, que al amor le es dado
con su llama avivar el yerto polvo.
   ¿Qué me importaba de esa ciega turba
el aplauso o desdén? Para ti solo
inmarcesible lauro ambicionaba
y un renombre inmortal del mundo asombro.
   ¡Cuánto te amé! Pendiente de tu labio,
me viste estremecer, temblar de gozo,
cuando tu voz tan desdeñosa siempre
formulaba de amor sagrado voto.
   ¡En vano mi mirada escrutadora
doquier buscaba con empeño loco

---

*Texto tomado de *Poesías*, 1871, pp. 201-203. Publicado primero en
?las, Madrid, núm. 4, 1851. Se notan recuerdos de "A***" de Gertrudis
?ómez de Avellaneda, publicado en sus *Poesías* de 1850.

otro mortal más digno de mi afecto,
digno cual tú del general encomio!

¡Engañosa ilusión! ¡El bello manto
que al ídolo fatal sirvió de adorno
el tiempo disipó!... ¡Vi convertido
en tímido mortal al gran coloso!

¡Del pedestal caíste en que mi mano
te colocó insensata, y cual oprobio
recuerdo el llanto que por ti he vertido
al mirar tu desdén y tu abandono!

¿Conoces tú el amor? ¿Sabes acaso
lo que encierra este nombre tan hermoso,
que es fuente eterna de entusiasmo inmenso,
de abnegación purísimo tesoro?

¡Ay, no lo sabes, no!... ¡Tu pecho frío
no comprende ese afecto, y por el lodo
de vil materialismo calcinado,
cálculo y falsedad sólo ve en torno!

¡Tu talento sin par puede altanero
los átomos contar del ancho globo,
pero tu corazón seco y marchito
en misterios de amor jamás fue docto!

¡Indigno eres de mí!... ¿De nieve helada
cuando ardiente volcán pudo ser socio?
¡Lo que te sobra en calculada ciencia,
en corazón me sobra generoso!

¡Vano el empeño es ya! El amante lazo
que nos unió fatal tranquila rompo:
¡Hoy no me ves llorar!... ¡Hoy que el desprecio
con que acoges mi amor pusiste el colmo!

¡Mírame sonreír... mírame alegre
entre el bullicio rebosar de gozo,
y ni un instante tu *adorada imagen*
se presentó fatal ante mis ojos!

¡Pasó aquel tiempo ya!... Pasó aquel tiempo
en que tu esclava fui... ¡Hoy sin encono
puedo decirte que en tu ausencia vivo
y hallo placeres, si el placer evoco!

¡De hoy más tu nombre que adoré ferviente
no vibrará en mi pecho melodioso;
será un nombre no más, un nombre vano
que no revela ni cariño ni odio!

¡Ya para siempre adiós! ¡y ojalá nunca
recuerdes al luchar contra el insomnio,
que nadie como yo supo adorarte,
y me pagaste con mezquino dolo!

¡No lo recuerdes, no! El remordimiento
es cáncer que devora ponzoñoso;
recuerda sólo que al dejar de amarte
exclamé sin rencor: *¡yo te perdono!*

Rogelia León
(1828-1870)

*E*sta *poeta granadina mantuvo una activa vida literaria, haciéndose conocida no sólo en Andalucía sino en toda España. No empezaron a aparecer producciones suyas hasta después de 1850, aunque por estas fechas se estaba carteando con Vicenta García Miranda. Llegó a ser académica-profesora del Liceo de Granada, socia del Círculo Científico, Literario y Artístico de Málaga, y socia de mérito de la Academia Científico-Literaria de Madrid. Publicó en 1857 una colección de poemas,* Auras de la Alhambra, *y en el mismo año estrenó con éxito su drama* Jeannie la escocesa. *En 1878, después de su muerte, salió una novela,* Los juramentos, *en Madrid. Entre 1862 y 1866 colaboró muy activamente con poesía, cuentos y artículos en la revista* La Violeta *de Madrid.*

CANCIÓN DEL ESCLAVO*

> *¡Oh! vosotros los que quitáis al hombre*
> *su libertad, ¿de qué manera responderéis*
> *delante de Dios?*
>
> MISTRESS ENRIQUETA STOWE

Soy esclavo, nombre infausto;
nombre odioso y maldecido;
soy el perro escarnecido
que castiga su señor.
Mientras él duerme en la hamaca,
yo en el suelo recostado
siento el cuerpo lacerado
de trabajo y de dolor.

Soy esclavo, así lo quieren
los que llaman mis hermanos,
esos hombres inhumanos
verdugos de nuestro mal.

---

*De *Auras de la Alhambra. Poesías,* Granada, Imp. de J. M. Zamora
1857, pp. 205-210. El epígrafe cita la novela *Uncle Tom's Cabin* de Harrie
Beecher Stowe. Había sido traducida al castellano por Wenceslao Aygual
de Izco en 1852. El abolicionismo recibió amplio apoyo entre las escrito
ras de esta época y fue el tema de varios poemas escritos por mujeres.

Los que azotan la mejilla
de nosotros, perros fieles,
y nos llaman sus lebreles
con el látigo chascal.

Maldición sobre esos hombres
que en el mundo así se alzaron,
y a su antojo esclavizaron
cuanto pudo su ambición.
Si cristianos se titulan,
yo lo dudo, no lo creo:
ser tirano es ser ateo;
¿dónde está su religión?

Yo adoro en el Ser Supremo,
ese ser omnipotente
que imprimió sobre mi frente
la divina libertad.
Y maldigo las cadenas
que en infausto poderío
hizo el hombre a su albedrío
con engaños y maldad.

Soy el hijo del desierto;
yo nací sin regias leyes,
y sin príncipes, ni reyes,
ni señores, ni poder.
Nada allí nos hizo falta
de ese inmenso torbellino.
¡Del desierto soy vecino,
dejadme hacia allí volver!

Dejadme ver a mis hijos
y a mi amada, yo os lo ruego,
la de los ojos de fuego,

la mitad de mi existir.
¡Ay! también ellos, también
fueron como yo vendidos,
sin piedad a los gemidos
que lanzaban al partir.

Voy a izar bandera roja
si resisten mi clamor.
¡Sangre! ¡sangre a mi furor!
un blanco no ha de quedar.
Mi color rojizo manchan
con su látigo y chinela...
Ya mi sangre se rebela;
¡morir, morir o matar!

Cual camello me destinan
a cruzar los arenales,
y los fieros vendavales
más cobrizan mi color.
Cuando el cansancio me mata
y la ardiente calentura,
dicen es una impostura
y me azotan con furor.

Amarrado al pie de un árbol
en mis espaldas macean,
porque los esclavos vean
el castigo que me dan.
Me castigan porque quiero
libre ser cual Dios me hiciera,
y vivir donde naciera
sin verdugos, sin afán.

Yo nací como el león,
como nace el tigre hircano,

y en las breñas, en el llano,
la natura idolatré.
Yo corría en los desiertos
con mi amada compañera,
y en el cedro y la palmera
a la sombra dormité.

Si la sed secó mis labios
en los riscos y montañas,
no era sed de las entrañas
cual la que padezco aquí.
Tengo sed, mas sed de sangre,
sed de blancos, de cristianos,
de esos hombres inhumanos
que me esclavizan así.

Yo soy libre, Dios lo hizo,
si los hombres son mis lazos,
caigan ellos en pedazos
y al desierto vuelva yo.
Hijo soy de la natura,
hijo soy del sol ardiente,
sobre mi tostada frente
su primer rayo vibró.

En mi patria sólo hay razas,
no hay escudos ni blasones,
corazones, corazones,
sangre hirviente y libertad.
Una choza a nadie falta;
no hay mendigos, no hay pobreza,
no hace falta la riqueza
donde existe la piedad.

No hay allí libros que manden

juramentos ni deberes,
hombres, niños y mujeres
libre tienen su elección.
No hay allí ricos adornos
que despierten el deseo,
no hay envidia, es el trofeo
corazón por corazón.*

Quiero volver a mi patria,
caigan, caigan los cristianos,
esos hombres inhumanos
deben, sí, deben morir.
No, no, debo esclavizarlos,
ser cruel cual ellos fueron,
y que sepan lo que hicieron
y que aprendan a sufrir.

---

*El tema de la sed de venganza y la representación utópica del origen
"natural" del esclavo eran tópicos de la literatura abolicionista. Aparecieron
ya en el primer escrito abolicionista de esta generación: la novela *Sab* de
Gertrudis Gómez de Avellaneda, publicada en 1841.

Enriqueta Lozano de Vílchez
(1829-1895)

*H*ija de un antiguo oficial del Ejército, se quedó huérfa-
na de madre cuando tenía seis años. Ingresó en el
Beaterio de Santo Domingo de Granada, donde aprendió
a leer, escribir, y hacer labores de aguja. En 1847 una co-
media suya fue representada en el Liceo de Granada; ella
misma interpretó el papel de la protagonista. El año si-
guiente publicó un libro de versos, Poesías (Jaén: Sociedad
Tipográfica). Manifestaba especial predilección por la poe-
sía religiosa, y en 1856 la reina Isabel II le regaló un braza-
lete de brillantes y 6.000 reales por un poema a la Virgen de
las Angustias. Se casó con Antonio Vílchez también en
1856, y el año siguiente publicó otro libro de poesía, impre-
so en Granada en la Imprenta de Vílchez. En las décadas
siguientes publicó varias novelas de tema religioso-moral,
algunas comedias, y muchos cuentos y artículos en la pren-
sa dirigida a la mujer, sobre todo en La Madre de Familia,
Granada, entre 1875 y 1884. Ganó premios en varios certá-
menes literarios, y gozó de gran prestigio entre el público

conservador. Muchas escritoras la citaron como escritora modélica en su talento y su virtud. Tuvo cuatro hijos, pero perdió tres.

EL MENDIGO*

Solo y de harapos cubierto,
sin abrigo y despreciado,
se arrastra un ser desgraciado
de su negra suerte en pos;
mil veces en su camino
extiende su débil mano,
y demanda de su hermano
una limosna por Dios.

Desnudo el pie pisa el suelo
áspero, y húmedo, y frío,
y el soplo del viento impío
hiela su amarilla sien:
la lluvia cae a torrentes
sobre su cuerpo desnudo,
y el eco del viento rudo
hiere su oído también.

*Texto tomado de *La lira cristiana: Poesías*, Granada, Imp. de Vílchez, 857, pp. 114-117.

175

No encuentra una mano amiga
que le anime y le sostenga,
y a darle un consuelo venga
o una lágrima de amor:
solo está como la noche,
triste y sombrío cual ella;
nadie escucha la querella
de su infinito dolor.

Tal vez sus hijos le esperan
solos, hambrientos, helados,
pobres seres desgraciados
que su mano tenderán
hacia el padre desvalido
que tanto los ama y tanto,
derramando acerbo llanto
por un pedazo de pan.

Tal vez una esposa triste,
que fue bella, y que es amada,
su vuelta aguarda a la entrada
de su mísera mansión:
¿qué le dirá cuando llegue
y contemple tristemente
su yerta y pálida frente,
desgarrado el corazón?

¿Qué responderá el cuitado
a los hijos de su alma,
si de la noche en la calma
los mira acaso llorar?
¿qué hará cuando sienta helarse
aquellos seres queridos,
y si los ve desvalidos
en sus brazos expirar?

Ya en balde llegó a la puerta
de los ricos y señores,
y un consuelo a sus dolores
vanamente demandó:
ni los restos de su mesa,
ni su deshecho vestido,
dar el culpable ha querido
al que por Dios le pidió.

Mas ¡ay! ¿qué importa que el mundo
le niegue avaro un consuelo,
si el mismo Dios desde el cielo
su dolor bendecirá:
si a esos ángeles, que acaso
ve morir en su delirio,
la corona del martirio
bondadoso ceñirá?

Y si el Ángel de su guarda
coronado de zafiros,
va contando los suspiros
que el triste exhala en su mal,
y las lágrimas amargas
que derrama en sus dolores
las convierte en blancas flores
de hermosura celestial,

para formar la diadema
que el Señor Omnipotente
ha de ceñir a su frente
en otro mundo mejor,
de otro mundo en que le guarda,
en su infinita ternura,
mares de inmensa ventura
por un día de dolor.

De otro mundo donde el débil
se ve fuerte y ensalzado,
y es el soberbio humillado
por la mano del Señor:
do la riqueza consiste
en virtudes e inocencia,
al llegar a la presencia
del supremo creador.

LA VOZ DEL ALMA*

¿En dónde, en dónde estás, Dios infinito?
¿dónde tienes tu asiento y tu morada?
¿dónde recibes, Hacedor divino,
del corazón cristiano la plegaria?
¿en dónde estás, Señor? ¡Oh! yo mil veces
he dirigido ansiosa la mirada,
intentando romper el denso velo
que a mis humanos ojos te ocultaba;
mas, en vano: doquiera tu presencia
encontraba a mi paso retratada,
mas no en la plenitud ni en la grandeza
que yo, potente Dios, la imaginaba.
Yo he buscado la lumbre de tus ojos
del rojo sol en la encendida llama,
y al estallar el trueno embravecido,
busqué el acento de tu voz airada.
Si el huracán silbando en torno mío
un instante mis sienes azotaba,
tu aliento busqué en él, y detenerle

---

* Texto tomado de *La lira cristiana*, pp. 169-171.

intentó con afán mi mano helada;
mas, en la luz del sol fijé mis ojos,
oí la voz del trueno que zumbaba,
y sentí resbalar sobre mi frente
del vendabal las poderosas alas;
y una voz en el fondo de mi pecho
deshaciendo mi mágica esperanza,
"¡es más grande mi Dios!" dijo mi oído,
y, "es más grande mi Dios" dijo mi alma.
Entonces con anhelo tu presencia
busqué en la pura luz de la mañana,
y de la brisa en el suspiro leve,
y en la flor hechicera y perfumada,
y en la bóveda azul del limpio cielo,
y del tranquilo mar sobre las aguas:
mas en vano, Señor, porque doquiera
aquella misma voz siempre escuchaba,
que es más grande mi Dios, me repetía
y, es más grande mi Dios, decía el alma.
Entonces suspiré con amargura
y perdí de encontrarte la esperanza.

¡Ay! un día la senda de la vida
doquier de abrojos encontré sembrada,
que al triste corazón de muerte hirieron
y desgarraron sin piedad mi alma;
busqué una mano compasiva y tierna
que el llanto de mis ojos enjugara,
mas no la hallé: ni un soplo de la brisa
acarició mis sienes abrasadas,
ni un ¡ay! de compasión le debí al mundo,
ni un suspiro de amor, ni una plegaria.
Pero no estaba sola, no, Dios mío,
porque al través de mis dolientes lágrimas,

te vi grande, potente, bondadoso,
dentro del corazón que te invocaba:
allí te vi magnánimo, infinito,
cual te soñó mi mente fascinada,
y yo que en vano te busqué anhelante,
yo te encontré, Señor, en la desgracia,
y tu voz escuché, voz misteriosa,
sin acento, sin eco, sin palabra,
que hizo brotar del corazón herido
la luz de la divina confianza.
Yo que a ese mundo en mi dolor acerbo
ya ni un ¡ay! de piedad le demandaba:
yo que incliné mi frente sin colores
de aquella lucha desigual cansada,
cuando escuché tu voz, sentí de nuevo
acudir a mi pecho la esperanza:
lleno mi corazón de fe divina,
caí, Señor, de hinojos a tus plantas,
y hasta tu trono con ferviente anhelo
elevé mi oración atribulada.
Y te encontré, Señor, tierno y amante,
allí a mi lado con amor velabas,
disipando las sombras de la duda
con la radiante luz de tu mirada.
¡Yo te encontré, Señor! benditas sean
las tristes horas de mi pena amarga,
que en su divina plenitud me hicieron
encontrar a mi Dios en la desgracia!

Josepa Massanés Dalmau
(1811-1887)

*H*ija *de un capitán de ingenieros que tuvo un papel im-
portante en las reformas urbanísticas de Barcelona,
Massanés perdió a su madre cuando tenía cinco años y fue
a vivir con sus abuelos a Barcelona. Cuando su padre tuvo
que emigrar a Francia por las persecuciones fernandinas,
ella y su abuela vivieron en la miseria, ganándose la vida
con labores de aguja. Cuando el padre regresó con la am-
nistía de María Cristina en 1833, ella empezó a escribir
poesía y tomar parte en la vida cultural de la ciudad con-
dal. Con la publicación de sus* Poesías *en 1841 fue la pri-
mera poeta romántica que se consagró como escritora. Se
casó en 1843 con el militar Ferrán González de Ortega,
pero seguía escribiendo, publicando su segundo tomo de
poesía,* Flores marchitas, *en 1850. El matrimonio no tuvo
hijos propios, pero adoptó un niño abandonado y dos so-
brinos.
Cuando se restauraron los Jocs Florals de Barcelona en
1859, Massanés contribuyó a la antología poética* Trova-*

dors nous, *y a partir de entonces escribió en catalán. Fue
nombrada reina de los Jocs Florals en 1862. Enviudó en
1873 y pasó los últimos años de su vida con apuros econó-
micos, pero nunca abandonó su actividad literaria.*

AMOR*

*Oh! l'amour!... C'est être deux et
n'être qu'un. Un homme et une femme
qui se fondent en un ange. C'est le ciel.*

VICTOR HUGO
"Notre Dame de París" *t.* I, *c*, VII.

Enero de 1839

Tente fresca y blanda brisa
que rozando en mis cabellos,
al querer descomponellos,
los abandonas fugaz.
   Ten el ala desceñida
que discurre vaporosa,
en mi ardiente sien reposa,
y a mi pecho da solaz.

   Tú que en azulado espacio
mansa y plácida dormitas,

*Del primer libro de Massanés, *Poesías* (1841). Sigo la edición de Ricardo Navas Ruiz en María Josepa Massanés, *Antología poética,* Madrid, Castalia, 1991.

185

o en torbellinos agitas
tus columnas, y al pasar,
  van tus átomos corriendo
por los llanos y montañas,
y palacios y cabañas,
por los ríos y la mar.

  Tente y dime, brisa amiga,
pues por el mundo vagaste,
¿en el mundo no encontraste
el otro ser de mi ser;
  el que busca mis facciones
en la faz de las bellezas,
y halla en vez de mis ternezas
desengaño y padecer?

  Porque, ¡ay triste!, nos amamos
y jamás visto nos hemos,
y siempre vernos creemos
doquier que los ojos van,
  en las flores, en las aves,
y hasta en tus pliegues un día,
juzgué, necia, le vería
en mi amante y tierno afán.

  ¡Ay brisa!, que tú no sabes
lo que es de amor la amargura,
la deliciosa tristura,
lo voraz de esa pasión;
  tú no sabes sino alzarte
y entre ondulaciones leves
arrastrar tus alas breves
por toda la creación.

  Ignoras en el instante

que oreas mi triste frente,
si encuentras mi sien ardiente
que de amor fuego hay allí,
   y que aqueste fuego oculto
poco a poco mina el alma
hasta convertir su calma
en ardiente frenesí.

   ¡Amar!... ¡Amar y gozarse
en la voz del hombre amado,
mirar su labio abrasado
sonreír con expresión,
   escuchar su veloz paso
y ver sus ojos amantes,
aquellos ojos radiantes
que abrasan el corazón!

   No hay voz alguna ni acento
para expresar tal ventura.
No hay palabras, brisa pura,
para tanto bien decir.
   Mas ¡ay!, amar con delirio
a una sombra, a una quimera,
es pena indecible y fiera,
es un continuo sufrir.

   ¡Ver tantos hombres que brindan
con finas adoraciones,
que ni leves sensaciones
logran al pecho arrancar!
   ¡Verlos a los pies postrados
sin que conmueva su ruego,
mirar cual se marchan luego
y no sentirlos marchar!

¡Y tener al pensamiento
siempre ese objeto mentido,
que el mismo forjó atrevido
e ignora si existe o no;
    ese tipo de virtudes
que cuando nací naciera,
que quizá sufre y espera
como espero y sufro yo!

¡Oh brisa!, brisa, ¡qué horrible
es devorar tal tormento;
fingiendo contentamiento
dulcemente sonreír,
y engalanarse y prenderse
con flores y pedrería,
cuando tan sólo querría
nuestro corazón morir!

    Yo contemplo los hombres uno a uno
y aquel que espero nunca veo en ellos.
¡Ay!, no he visto ninguno
que tenga de consumo
su gracioso ademán, voz ni cabellos.

    Ni el fuego varonil de su mirada,
esa mirada que fascina y mata,
y mágica anonada;
que cuanto apasionada,
tanto subyuga, tanto es dulce y grata...

    Si supieras dó está, brisa ligera,
el que guarda su amor para mi amor,
el que tierno me espera
y me ve donde quiera
quimérica ilusión de su dolor;

si supieras dó está, llévale luego
el triste acento de mi amante voz,
los suspiros de fuego
que cándida te entrego,
y ve y torna con él rauda y veloz.

Torna con él y leeré en su frente
la voluntad que altivo concibió;
espiaré ferviente
cuanto anhele su mente;
no su amiga, su esclava seré yo;

y de rodillas oiré su acento,
y cariñosa velaré su sueño:
mi corazón atento
gozará en su contento.
Mi desdicha mayor será su ceño.

Y por fin nuestras almas enlazadas
juntas al seno volarán de Dios,
pues que fueron formadas
para ir exhaladas
siempre la una de la otra en pos.

ANA RUEGA AL SEÑOR LE CONCEDA UN HIJO*

> *Ana con el corazón lleno de amargura, ora*
> *al Señor derramando copiosas lágrimas...*
>
> BIBLIA
> L. 1.º de los Reyes, Cap. 1 y 1*

Maldito fue mi seno de matrona,
hembras felices de Judá y Sión.
Estéril es cual roca del desierto
donde no arraiga el musgo vividor.
Burlaisme, y bien hacéis, matar debierais
a la que el cielo la matriz cerró
como arrancáis la planta improductiva
que nunca al hombre da fruto ni flor.
Cual de leproso desviáis mi encuentro,
la ignominia me sigue por doquier voy,
y el contacto evitáis de mi ropaje
como objeto de horrible maldición.

---

* La primera sección de "Ana, madre del profeta Samuel: Cantos bíblicc
dedicados a la muy tierna esposa y madre la señora doña Manuela de Bretó
y de Plana, en 1848", fue publicado en *Flores marchitas* (1850). Sigo la ed
ción de Ricardo Navas Ruiz.

¡Matadme, sí, matadme! Acá en la tierra
es perdido el lugar que ocupo yo,
perdido el aire que mi boca aspira,
perdido el eco de mi triste voz;
porque del orbe la armonía eterna
a cada objeto señaló misión,
y es más inútil la mujer estéril
que el invisible y frágil arador.
Puedo morir, ¡ay mísera!, ninguno
desgarrará la veste en su aflicción,
ni de cenizas cubrirá su frente,
ni mostrará con gritos su dolor.
Sólo la yerba mi desnuda fosa
cobijar debe en toda su extensión,
sólo el rocío matinal del alba
dará a mis restos llanto bienhechor,
y así olvidada la memoria mía
será cual sombra que fugaz pasó.

¡Señor, Dios de Israel!, mira a tu sierva,
basta de pruebas y tribulación;
sumida en amargura y desconsuelo
abandonarme no querrás mi Dios.
¿En qué falté a tu ley? ¿En qué pecado
pude incurrir que atraiga tal rigor
y de mí aparte tu clemencia extrema?
¿Delinquí como esposa acaso? No.
¿Falté a mis padres o a los padres de ellos?
¿No les amé cual ningún hijo amó?
¿No compartí mi pan y mi vivienda
con el anciano y huérfano, Señor?
¿No llevé al templo las mejores reses
de mi redil y el trigo de mi troj,
y sacrificios de mis frutos no hice

con voz humilde y sincera oración?
Pues siendo así, mi Dios, si complacido
grato te fue mi celo y mi fervor,
¿por qué de mí tu espíritu separas
sin terminar este suplicio atroz?
Si madre no he de ser, ¿por qué de esposa
me diste a conocer el casto ardor?
¿Por qué el lecho nupcial, centro de dichas,
sólo me ofrece a mí desolación,
y soledad la casa de mi esposo,
oprobio el mundo, befa y desamor?
Muy más que yo dichosas son las fieras
y las sencillas aves, más que yo,
y las palmeras de dorados frutos,
y los vetustos cedros del Hebrón.
Cuida amorosa el ave a sus polluelos,
a sus cachorros el león feroz,
su fresca sabia el cedro y la palmera
dan al naciente fruto o al raigón,
yo planta inútil, sin retoño alguno,
frondosa y joven vanamente soy,
y el exceso de vida que en mí siento,
encerrado en mí misma es destructor.
¡Oh!, dadme un ser que el ser a mí me deba,
que me deba el sentido y la razón,
que sea carne de mi carne misma,
luz de mis ojos, prenda del amor.
Quiero besar sus párpados rosados
y sus cabellos rubios como el sol,
toda mi sangre darle en alimento,
aunque me deje exhausto el corazón.
¡Oh Dios de Dios!, ¡espíritu de vida!,
fecunda sea al soplo creador
de tu querer omnímodo y potente,

madre yo sea, madre de varón,
o matadme, Señor, porque en la tierra
es perdido el lugar que ocupo yo,
perdido el aire que mi boca aspira,
perdido el eco de mi triste voz.

LA MUJER*

Es la mujer incauta mariposa
que abrasa el fuego en torno al cual se agita.
Es la mujer cual azucena hermosa
que el solano estival dobla y marchita.

Es la mujer perecedera liana
que busca apoyo en la robusta encina;
mísero ser, cuya razón liviana
con el saber del hombre se ilumina.

¡Y sin embargo pugna en su flaqueza
para romper el masculino yugo!
¿En qué cifra su orgullo? ¿En su belleza?
¿Olvida necia que al Señor le plugo
la beldad sujetar a la firmeza?

Si al astro puro de la noche umbría
un destello del sol no iluminara
cuando recorre la diurna vía,
como la noche oscura se elevara,
como una sombra el éter cruzaría.

* De *Flores marchitas* (1850). Sigo la edición de R. Navas Ruiz.

194

Tal la mujer del hombre emancipada,
sin ese guía natural y experto,
pasa la vida triste y agitada,
como nave que sigue un rumbo incierto
y entre arrecifes corre arrebatada.

Porque el poder que al universo enlaza
y a cuanto existe en él, demarcó puesto,
junto al varón, puso, mujer, tu plaza,
cual puso al pie del fuerte chopo enhiesto
la enredadera en flor que el trono abraza.

Y es inútil luchar contra ese dueño
a quien Dios mismo te creó sujeta.
La independencia femenil es sueño,
hermoso canto en lira de poeta,
fatal delirio, temerario empeño.

Nunca podrás contrarrestar su influencia.
Siempre, mujer, tu instinto generoso
te arrastraría a plácida obediencia,
pues cuando no del padre o del esposo,
del mismo amor te impones dependencia.

Es la mujer esclava del que adora;
mas de tal modo y portentosa suerte
que del dueño temido se enseñora
y su ternura y humildad convierte
en siervo al Rey, la esclava en opresora.

Y en ese lazo confundidos quedan
la dependencia y el poder de entrambos
sin que romperle uno ni otro puedan,
pues de un origen descendieron ambos,
porque ni en vicios ni en virtud se excedan.

Aquese fue nuestro inmutable sino,
la misión que al nacer nos fue legada.
Sigue, mujer, tranquila tu camino,
que si en el hombre marchas apoyada,
llegarás sin cansancio a tu destino.

Marzo de 1845

M. de Aguirre dib.ᵗ   Q. Nesci litog.ᵗ   Lit. de los Artistas.

Maria Verdejo y Durán

María Verdejo y Durán
(1830-1854)

*H*ija *de un brigadier de Ingenieros, Verdejo y Durán fue a los dos años con su familia primero a Cartagena y luego a las Baleares. En Palma de Mallorca recibió la enseñanza primaria en el Colegio de Nuestra Señora de la Pureza. En 1839 su padre sufrió un parálisis y la familia volvió a Cascante (Navarra). Según la biografía de esta poeta (Zaragoza: Gallifa, 1855), durante estos años se dedicó a la música, la pintura, y sobre todo la poesía, "siendo de advertir, que no por esto descuidaba el atender al gobierno interior de la casa que desempeñaba con admirable acierto." Cuando la familia se trasladó a Zaragoza en 1851, se abrieron para ella nuevas posibilidades de actividad literaria. Reunió sus poemas en un libro,* Ecos del corazón, *que fue publicado en 1853 y escribió un drama para el teatro local. Con la muerte de su padre en 1852, sin embargo, empezaron una serie de desgracias familiares. Pocos días después de trasladarse con su madre y dos hermanas a Madrid en 1854, murió aquella. María se encargó de*

MARÍA VERDEJO Y DURÁN

las hermanas menores y volvió a Zaragoza; a los pocos meses murió ella también de cólera fulminante. Sus obras inéditas y una corta biografía fueron publicadas por sus amigos el año siguiente.

EL OTOÑO*

Bello es mirar en sosegada tarde
un cielo de celajes entoldado
a través de un magnífico emparrado,
bóveda pintoresca y natural;
y es dulce oír el plácido murmullo
que produce el arroyo transparente
llevando a unir a la serena fuente
de sus tranquilas aguas el caudal.

Después de contemplar secas llanuras
de rastrojos y arenas calcinadas,
después de ver las mieses hacinadas
que doró activo el estival calor,
gozan los ojos contemplando ufanos
el contraste que forman las campiñas,
cepas luciendo de frondosas viñas
abrumados de fruto y de verdor.

Pero ¡ay! El corazón sufre y se oprime
al respirar las brisas lisonjeras

* De la colección de la poesía de la autora, *Ecos del corazón. Ensayos
oéticos*, Zaragoza, Imp. de Antonio Gallifa, 1853, pp. 102-103.

que del año serán las postrimeras
que sintamos en torno murmurar...
Es el otoño un punto de descanso
entre el estío y el invierno inerte;
y el otoño en la vida es de la muerte
el mensajero que la va a anunciar.

Esta estación para otros atractiva
enerva con sus hálitos mi brío;
y al mirarla con tedio y con desvío,
sueño con el abril que ha de volver.
¿No son mejor que esa indolente calma
del aterido invierno los rigores?
¿No son mejor de estío los ardores
que vida y esplendor vierten doquier?

Unas tras otras en revueltos giros
las hojas de sus ramas se desprenden,
que ya los aires presurosos hienden
plomizas nubes do la nieve va:
Edad de la razón y la experiencia
que el alma hiela y las pasiones doma,
cuando el otoño de la vida asoma,
sueños y amores desaparecen ya.

Ilusiones sin cuento primavera
ora goza en brindar al pecho mío;
mas presto volará, vendrá el estío,
vendrá el invierno del otoño en pos;
y cuando sople el viento de la muerte
cual hoja seca me hundiré en la tierra.
¡Cuántos arcanos el otoño encierra!
¡Cuánto revela tu poder, gran Dios!

Zaragoza, 1852

LA INFANCIA Y LA ADOLESCENCIA

A LA SRA. BARONESA DE SAN VICENTE*

Recuerdo, cual de la mente
un sueño lejano, oscuro,
un cielo radiante y puro
más aéreo que albo tul;
y un puerto alzando la frente
entre las rizadas olas,
y mil naos con banderolas
surcando su campo azul.

Vi bajo estrellado cielo
iluminados jardines,
y de suntuosos festines
llegó a mi oído el rumor;
y con inocente anhelo

---

* Poema también de *Ecos del corazón*, pp. 133-140. Como el libro entero,
está dedicado a Joaquina Capeña, baronesa de San Vicente, tía de la autora.
Este poema autobiográfico cuenta las primeras memorias de Verdejo cuan-
do vivía en las Baleares, y luego el traslado de la familia a Cascante.

senda cruzando de flores,
dichas juzgué los dolores
de este mundo seductor.

Tranquila y feliz vivía,
goces más puros no ansiaba
que los que me deparaba
mi candorosa niñez;
quieto el corazón latía,
sin lamentar desengaños,
lentos pasaban los años;
pasaron así hasta diez.

Arrancada de repente
de aquella vida de encanto,
derramé sentido llanto;
mas, dando tregua al dolor,
sentí perderse en mi mente
el recuerdo de mi infancia,
cual se pierde la fragancia
que ayer nos prestó una flor.

[...]

Perdida un tanto la calma
en la edad de las pasiones,
con diversas emociones
mi seno empezó a latir.
Se agitaba inquieta el alma
y el corazón en el pecho
juzgaba el ámbito estrecho
a su ansiedad de vivir.

No sé lo que presentía
entre mi inquietud creciente...

Y adormecido en la mente
vago un recuerdo alcancé,
que en un caos se perdía
confundido, y en mi empeño
sacudir logré aquel sueño,
y otra vida recordé.

Recordé el puerto mugiendo
y sus azuladas olas,
las izadas banderolas
sobre las naves flotar;
mi madre creí estar viendo
cual la veía venturosa,
riente, feliz y hermosa
en los festines brillar.

¡Luego fue verdad aquello!
pensó el alma enardecida:
¡no fue sueño, y de esa vida
nunca disfrutar podré!
¡Y de ese mundo tan bello
las encantadas regiones,
las mil soberbias naciones,
jamás cruzará mi pie!

¿Vistéis de limpias escamas
el pez inquieto girando,
vueltas y más vueltas dando
en el agua de un fanal,
y por las ovas y lamas
del arroyo cristalino
suspirando de contino
dentro del breve cristal?

¿Vistéis al ave enjaulada
trabajando noche y día
en romper ¡vana porfía!
los hierros de su prisión?
¿Vistéis la estrella ofuscada
sin despedir resplandores
maldiciendo los vapores
del oscuro nubarrón?

¿Vistéis la planta naciente
conservada en una estancia
ir perdiendo su fragancia,
palidecer de dolor,
agostarse lentamente
al recordar otra vida
más bella, y mustia, abatida,
perder frescura y color?

Pez, ave, flor, luz brillante,
semejaba el alma mía
que sin sosiego gemía,
ansiando en vano romper
los lazos que al delirante
corazón aprisionaban,
que aunque leves, no dejaban
de oprimir mi triste ser.

[...]

Y un libro que en un estante
de libros viejos no escaso
halló mi mano al acaso
me reveló que en aquel
mundo lejano y brillante,
las doncellas y matronas

alcanzaban mil coronas
de flores y de laurel.

Ardió agitada la mente,
ardió el pecho en sed de gloria,
recordé mi antigua historia,
y aquel mundo quise ver.
Ciega en mi entusiasmo ardiente,
llena el alma de esperanza,
soñé en vaga lontananza
el porvenir entrever.

"¡Tente!" gritó furibundo
mi implacable y ruin destino:
"No te apartes del camino
que siempre debes seguir.
¿Que esperas en ese mundo
una existencia más bella?
Pues esa vida, doncella,
te hará sin tregua sufrir.

"Ufana y ciega en tu orgullo,
¡olvidaste por ventura,
ofuscada criatura,
que es débil tu frágil ser!
No alces un solo murmullo,
resígnate con tu suerte,
será cruda, será fuerte,
pero has nacido mujer."

Agobiada el alma mía
entonces adolescente,
sentí desmayar la mente
y oprimirse el corazón.

Mas... brilló por fin un día
en que libre de vapores
dio la estrella resplandores
al rasgar el nubarrón,

   y en que el pez pudo, quebrando
el cristal, lanzarse al río,
y en que el ave a su albedrío
rompió la jaula y voló,
y su aroma recobrando
alzóse la planta altiva,
que una mano compasiva
a su vergel la tornó.

Zaragoza, 1852

LA SEGUNDA GENERACIÓN:
ESCRITORAS NACIDAS ENTRE 1831 Y 1849

Eladia Bautista y Patier
(184?-?)

*H*ija de Juan Bautista, teniente coronel del Ejército,
pasó su infancia en Granada. Cuando tenía doce
*años, su padre se jubiló y la familia se trasladó a un pueblo
de Murcia. Poco después fallecieron los padres y dos her-
manas. Tres hermanas menores quedaron a cargo de la
poeta. A pesar de estas desgracias y de vivir apartada de los
centros culturales, proseguía su actividad literaria, presen-
tándose a certámenes y a juegos florales y consiguiendo la
publicación de un libro de poesía en 1870. Para esta co-
lección obtuvo el respaldo de Faustina Sáez de Melgar,
quien escribió el prólogo. Sus poemas se destacan entre los
de su generación de poetas por su clara ideología liberal.
La revista en la que más colaboró fue* La Soberanía Nacio-
nal *de Madrid (1865). En 1879 ganó el Laurel de Oro en
los Juegos Florales de Murcia. La última fecha en que apa-
recen colaboraciones suyas en la prensa es 1882, con dos
poemas publicados en una revista dirigida por Faustina
Sáez,* París Charmante-Artístico.

A UN PÁJARO*

Cruza libre los espacios,
luce en el viento tus galas,
ya que Dios para ser libre
ha querido que tú nazcas.
Ojalá que el alma mía
te llevases en tus alas,
que vive cautiva y triste
vertiendo ardorosas lágrimas.
Goza de tiernos amores,
tu dicha inefable canta,
que tú naciste avecilla,
y yo mujer desgraciada.

* De *Poesías,* Madrid, Imp. de Juan José de las Heras, 1870, p. 75.

A ESPAÑA LIBRE*

Hijos de Iberia que con muerte extraña
habéis cubierto su blasón de gloria,
venid a mi memoria,
que hoy es el triunfo de la madre España.
Sombras augustas, vuestro nombre santo
en este día de ventura evoco,
porque aun mi entusiasmo juzgo poco
para entonar a nuestra patria un canto.
Venid, venid a mí: dad a mi alma
el fuego aquel que os animara un día,
el patrio amor que en vuestro pecho ardía,
y el entusiasmo que os ganó la palma.
Libre es la patria ya: doquier ondea
de libertad la enseña triunfadora;
¿dónde habrá un corazón que español sea
y no palpite con placer ahora?
Lució por fin la aurora
que escondían los tiempos en su seno;
nublóse el horizonte, estalló el trueno,

---

* De *Poesías*, pp. 217-220. El suceso que celebra este poema es, sin duda,
Revolución "Gloriosa" de 1868.

y en breve el iris alumbró el espacio,
anunciando sus luces de topacio
el día más sereno.
Día de libertad, día glorioso
en que España despierta a sus leones.
¿Qué dirán las naciones
de este pueblo valiente y animoso?
¿Qué dirán de la patria de Velarde?
¿Qué dirán de la cuna de Torrero?
¡Acaso juzguen que esperó muy tarde
a levantar su vengador acero!

[...]

El rey aquel que en época azarosa
proclamó el pueblo con locura tanta,
hizo correr su sangre generosa
y fue siempre el dogal de su garganta.*
¡Cuánta escena de horror, cuántos dolores
trae a la mente su fatal reinado!
¡Qué negros y fatídicos colores
lo tienen en la historia dibujado!
Y España perdonó tantos errores,
España fue indulgente,
depuso hacia Fernando los rencores
y ciño de Isabel la joven frente.**

[...]

La reina niña para España era
la lluvia celestial de primavera,

---

* Se refiere a Fernando VII, quien intentó restablecer la monarquía absoluta durante su reinado. Murió en 1833.
** Isabel II, hija de Fernando VII, cuya sucesión al trono fue asegurada por el triunfo del gobierno central en la primera guerra carlista.

el ángel de sus dichas ideales,
y el iris de bonanza
para todos los buenos y leales.
Sus vidas le ofrecían,
su trono valerosos sustentaban,
y su sangre carísima vertían
mártires que a su amor se consagraban.

[...]

¡Desgraciada mujer! ¡No penetraste
lo que el amor valía de tus hijos,
y a llorar tus errores tan prolijos
con tu ciega razón te condenaste!
Y al inocente ser de tus entrañas
tu torpe ingratitud, tu fiero encono,
le arrebataron el glorioso trono
y el cetro triunfador de las Españas.

¡Oh qué dura lección! ¡qué grande paso!
Cuando un pueblo de Cides
camina de sus glorias al ocaso,
cuando se eclipsa su feliz estrella,
cuando tirana huella
oprime con denuedo su garganta,
y heroico se levanta
y sacude valiente su cadena,
¿no es verdad, no es verdad que al mundo
espanta
y que de asombro y confusión lo llena?

¡Oh España! ¡oh digna cuna
de Daoiz, de Velarde y de Padilla!
¡Que dobleguen al cielo la rodilla
los que fueron tus hijos por fortuna!
Siempre serás la misma que animosa
te alzaste en Covadonga con Pelayo,

213

siempre serás la grande y valerosa
que te alzaste en Madrid el Dos de Mayo.
¡Oh patria! Yo quisiera
tener hoy arpa de marfil y de oro,
y que sus dulces ecos repitiera
el pueblo entero en armonioso coro.
Quisiera mi entusiasmo dar al mundo,
el fuego de mi amor prestar al viento;
mas ¿qué haré yo si en mi placer profundo
no puedo ni aún decirte lo que siento?
    ¡España! ¡España! Tu blasón glorioso
nunca por la opresión ajado sea:
que jamás en tus páginas se lea
un renglón tan horrible y afrentoso.
Nunca esclava te humilles a tus reyes;
nunca dejes que usurpen tus derechos,
que tienes hijos de valientes pechos
que defiendan tus fueros y tus leyes.

Patrocinio de Biedma
(1848-1927)

*P*ertenecía a la nobleza andaluza. A los quince años se casó con José María de Quadros y Arellano, hijo del *n*arqués de San Miguel de la Vega. En el prólogo a su *p*rimera colección de poemas, Guirnalda de pensamientos *(*1872), Antonio de Trueba afirma que empezó a escribir *p*ara aliviarse del dolor causado por la muerte de su primer *h*ijo. El segundo murió pronto también, y el tercero, al que *d*edicó su segundo tomo de poesía, Recuerdos de un ángel *(*1876) falleció a los seis años de edad. Viuda ya, Biedma se *t*rasladó a Cádiz con su amiga la princesa Ratazzi y allí *f*undó y dirigió la revista Cádiz. Su actividad literaria era *i*nfatigable: publicó un gran número de novelas, además de *p*oesía narrativa y lírica, y colaboró en la prensa periódica *c*on cuentos y con artículos sobre temas muy variados. Es*c*ribió más de un centenar de artículos para Cádiz entre *1*877-1880. Se casó en segundas nupcias con Jesús Rodrí*g*uez y Rodríguez, director de la Crónica Gaditana, quien *m*urió en 1914.

LA MUERTE DE MI HIJO*

Ya esparce la noche su calma sombría,
el alma agitada no puede pensar;
espero afanosa la aurora y el día,
y en tanto no cesa mi triste llorar.

Su cuna velada de blancos encajes
se mece a mi lado con dulce rumor;
y lento se oye tras sus cortinajes
el eco doliente de mi ángel de amor.

Sus bellas mejillas la fiebre enrojece,
sus labios purpúreos marchitos están,
y en su frente pura que ya palidece
mil besos ardientes mis labios le dan.

¡Dios mío! ¡Dios mío! ¡Dejadme su vida!
¡Él es mi tesoro, mi bien, mi ilusión!
¡Él es en el mundo mi prenda querida!
Si muere, yo pierdo mi débil razón.

*De la primera colección de poesía de la autora, *Guirnalda de pensa-
mientos, Poesías,* Barcelona, Imp. de Luis Tasso, 1872, pp. 15-17. Se refiere
a la muerte de su primer hijo.

Si os falta una vida, llevaos la mía;
gozosa os la diera si él puede vivir.
¡Que yo no contemple su triste agonía!
¡Que no se prolongue su lento sufrir!

Confío en el cielo; contemplo anhelante
el rostro sereno de mi ángel de paz:
su pecho de nácar se ve palpitante
y ya se colora su angélica faz.

¡Dios mío! ¡Mi hijo! ¡Mi bien! ¡Mi delirio!
Miradme doliente de pena morir.
Haced que yo sufra terrible martirio
y haced, ¡Dios piadoso, que él pueda vivir!

Mas ya no se oye el lento gemido
que exhalan los labios de mi ángel de amor;
su pecho nevado paró su latido,
su frente serena no nubla el dolor.

Sus ojos divinos contemplo velados;
al mármol semeja su nítida tez…
Sus labios de rosa se encuentran helados,
ya viste su frente mortal palidez…

Mis trémulos labios los suyos besando
prestarles querían su vida y calor:
su aliento postrero mi frente rozando
pasó cual la brisa que mece la flor.

Mi sangre su curso detiene y se hiela,
mi pecho se rompe de tanto sufrir,
con nubes opacas mi vista se vela…
!Oh, gracias, Dios mío, me siento morir!

Mas ya al dolor vuelvo, recobro mi llanto;
mi sangre circula; ¡ya vuelvo a vivir!
¡No quiero la vida, perdió ya su encanto
desde que mi hijo dejó de existir!

No quiero la vida que tú ya has dejado,
contigo te llevas mi fiel corazón;
cual ángel hermoso al cielo has volado
y nada hay que calme mi acerba aflicción.

Mas, ¡ay! ¡no, Dios mío! la calma el consuelo
que infunde en el alma la santa oración,
y escucho que dices: "Su patria era el cielo
y espera a su madre en otra región."

¡Tu mano, Dios mío, le puso a mi lado
cual fiel mensajero de paz celestial!
¡Tu mano potente me le ha arrebatado!...
¡Dichoso él que goza tu gloria inmortal!...

HISTORIA DE MI CORAZÓN*

Amar, soñar, gozar: esto era en suma
todo cuanto la vida me ofrecía;
si acaso vi el dolor, como la espuma
su sombra pasajera se perdía.

Dulces ensueños de placer y amores
halagaron el alma adormecida,
y la ilusión su manto de colores
tendió en el horizonte de mi vida.

Yo me forjé en un sueño delirante,
lo grande, lo sublime en la esperanza,
y al fuego embriagador de mi alma amante
vi otro mundo de gloria en lontananza.

Quise amar, y cifré toda mi vida
en un amor bendito por el cielo,
mas, ¡ay! el alma para amar nacida
entre dolores apagó su anhelo.

No encontré un corazón que como el mío
palpitase de fuego en su latido
y mi pecho quedó yerto y vacío

---

*Este fragmento de un poema largo es tomado de *Guirnalda de pensa-
mientos,* pp. 152-153.

por el dolor y el desengaño herido.
Nadie escuchaba el eco que doliente
revelaba mi triste desencanto,
nadie vio que el calor de mi alma ardiente
se apagaba en las olas de mi llanto.

Hoy, ¿qué puedo esperar? si vivo sola
cual pobre flor que entre malezas nace,
como la espuma que rizó la ola
que al más ligero impulso se deshace.

En vano vuelvo la nublada vista
buscando alguna luz en mi retiro
que de placer y de ilusión revista
la triste soledad en que deliro.

Nadie escucha el acento que doliente
revela mi pesar y desencanto,
¡nadie ve que el calor de mi alma ardiente
se apaga entre las olas de mi llanto!

DESEOS*

A María

Quisiera ser el rayo de la aurora
que ilumina tu frente en la mañana;
ser flor que tú admirases por galana
y brindarte una esencia embriagadora.
Quisiera ser el eco que a deshora
llega hasta ti de música lejana:
la dulce sombra fugitiva y vana
que acaricias en tu alma soñadora.
Mas ¡ay! que el sol la aurora desvanece,
muere la flor y piérdese en el viento
el eco blando que vibraba en calma:
ser no quiero ilusión que desparece…
Es mejor ocupar tu pensamiento
y ser, cual hoy, el alma de tu alma.

---

* De *Guirnalda de pensamientos*, p. 127.

Rosalía de Castro
(1837-1885)

*E*n el registro del hospital de Santiago de Compostela
donde nació figura como hija de padres desconoci-
dos. Pasó los primeros años de su infancia con parientes de
su padre, un sacerdote, pero su madre la llevó a vivir con
ella a Santiago cuando tenía edad para hacer estudios. En
1856 fue a Madrid a vivir con una tía, y allí publicó su
primer libro de poesía, La flor, en 1857. Se casó con el
periodista gallego Manuel Martínez Murguía en 1858. Una
hija nació el año siguiente, y en el mismo año apareció su
primera novela, La hija del mar. En estos años empezaba
a componer poesía en gallego; Cantares gallegos fue publi-
cado en 1863, y en el mismo año conmemoró la muerte de
su madre con una edición limitada de poesía en castellano,
A mi madre. Cantares tuvo un éxito importante y fue acla-
mada como una obra fundamental en el reestablecimiento
del gallego como lengua literaria. Rosalía, enferma de tu-
berculosis, seguía escribiendo mientras se dedicaba a sus
responsabilidades domésticas. Publicó varias novelas, y en

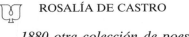

1880 otra colección de poesía en gallego. En los años siguientes compuso en castellano los poemas que salieron en En las orillas del Sar *en 1884. Los prólogos que puso a sus obras muestran su lucidez artística y crítica. Tuvo seis hijos, uno de los cuales murió antes de los dos años a consecuencia de una caída. Ella murió a los 48 años de edad de un cáncer uterino.*

UN RECUERDO*

¡Ay! cómo el llanto de mis ojos quema...
¡Cuál mi mejilla abrasa...!
¡Cómo el rudo penar que me envenena
mi corazón traspasa...!

Cómo siento el pesar del alma mía
al empuje violento
del dulce y triste recordar de un día
que pasó como el viento.

Cuán presentes están en mi memoria
un nombre y un suspiro,
página extraña de mi larga historia,
de un bien con que deliro.

Yo escuchaba una voz llena de encanto,
melodía sin nombre
que iba risueña a recoger mi llanto...
¡Era la voz de un hombre...!

*Este poema formó parte del primer libro de la autora, *La flor,* publica-
do en 1857. Lo tomo de la edición facsímil, *Poemas juveniles: "La flor" y "A
mi madre",* La Coruña, La Voz de Galicia, 1985, pp. 73-75.

Sombra fugaz que se acercó liviana
vertiendo sus amores,
y que posó sobre mi sien temprana
mil cariñosas flores.

Acarició mi frente que se hundía
entre acerbos pesares,
y lleno de dulzura y de armonía
díjome sus cantares.

Y ¡ay! eran dulces cual sonora lira,
que vibrando se siente
en lejana enramada, adonde expira
su gemido doliente.

Yo percibí su divinal ternura
penetrar en el alma,
disipando la tétrica amargura
que robara mi calma.

Y la ardiente pasión sustituyendo
a una fría memoria,
sentí con fuerza el corazón latiendo
por una nueva gloria.

Dicha sin fin, que se acercó temprana
con extraños placeres,
como el bello fulgor de una mañana
que sueñan las mujeres.

Rosa que nace al saludar el día
y a la tarde se muere,
retrato de un placer y una agonía
que al corazón se adhiere.

Imagen fiel de esa esperanza vana
que en nada se convierte;
que dice el hombre en su ilusión *mañana*,
y mañana es la muerte.

Y así pasó: mi frente adormecida
volvióse luego roja;
y trocóse el albor de mi alegría,
flor que seca se arroja.

Calló la voz de melodía tanta
y la dicha durmió;
y al nuevo resplandor que se levanta
lo pasado murió.

Hoy solo el llanto a mis dolores queda.
Sueños de amor del corazón, dormid:
¡dicha sin fin que a mi existir se niegan,
gloria y placer y venturanza, huid!...

I*

¡Cuán tristes pasan los días…,
cuán breves…, cuán largos son…;
como van unos despacio
y otros con paso veloz!…
Mas siempre, cual vaga sombra,
atropellándose en pos,
ninguno de cuantos fueron,
un débil rastro dejó.

¡Cuán negras las nubes pasan,
cuán turbio se ha vuelto el sol!
Era un tiempo tan hermoso…,
mas ese tiempo pasó.
Hoy, como pálida luna,
ni da vida ni calor,
ni presta aliento a las flores,
ni alegría al corazón.

* De *A mi madre. Versos,* Vigo, Imp. Juan Compañel, 1863. Sigo la edición de 1985, Padrón, La Coruña, Patronato Rosalía de Castro, pp. 3-4.

¡Cuán triste se ha vuelto el mundo!
¡Ah, por doquiera que voy
sólo amarguras contemplo,
que infunden negro pavor!
¡Sólo llantos y gemidos
que no encuentran compasión!...
¡Qué triste se ha vuelto el mundo!
¡Qué triste le encuentro yo!

II

¡Ay qué profunda tristeza!
¡Ay qué terrible dolor!
Tendida en la negra caja,
sin movimiento y sin voz,
pálida como la cera
que sus restos alumbró,
yo he visto a la pobrecita
madre de mi corazón.

Ya desde entonces no tuve
quien me prestase calor,
que el fuego que ella encendía
aterido se apagó.
Ya no tuve desde entonces
una cariñosa voz
que me dijese: "Hija mía,
yo soy la que te parió".

¡Ay qué profunda tristeza!
¡Ay qué terrible dolor!...
Ella ha muerto y yo estoy viva,
ella ha muerto y vivo yo.
Mas ¡ay!, pájaro sin nido,
poco lo alumbrará el sol.
Y era el pecho de mi madre
nido de mi corazón.

I*

Ya pasó la estación de los calores,
y lleno el rostro de áspera fiereza,
sobre los restos de las mustias flores
asoma el crudo invierno su cabeza.

Por el azul del claro firmamento
tiende sus alas de color sombrío,
cual en torno de un casto pensamiento
sus alas tienden un pensamiento impío.

Y gime el bosque, y el torrente brama,
y la hoja seca, en lodo convertida,
dale llorosa al céfiro a quien ama
la postrera y doliente despedida.

*También de *A mi madre*, pp. 6-7.

II

Errantes, fugitivas, misteriosas,
tienden las nubes presuroso el vuelo,
no como un tiempo, cándidas y hermosas,
si llenas de amargura y desconsuelo.

Más allá…, más allá…, siempre adelante,
prosiguen sin descanso su carrera,
bañado en llanto el pálido semblante
con que riegan el bosque y la pradera.

Que enojada la mar donde se miran
y oscurecido el sol que las amó,
sólo saben decir cuando suspiran:
"Todo para nosotras acabó".

III

Suelto el ropaje y la melena al viento,
cual se agrupan en torno de la luna…,
locas en incesante movimiento,
remedan el vaivén de la fortuna.

Pasan, vuelven y corren desatadas,
hijas del aire en forma caprichosa,
al viento de la noche abandonadas
en la profunda oscuridad medrosa.

Tal en mi triste corazón inquietas
mis locas esperanzas se agitaron,
y a un débil hilo de placer sujetas,
locas…, locas también se quebrantaron.

Era apacible el día*
y templado el ambiente,
y llovía, llovía,
callada y mansamente
y mientras silenciosa
lloraba yo y gemía,
mi niño, tierna rosa,
durmiendo se moría.

Al huir de este mundo, ¡qué sosiego en su frente!
Al verle yo alejarse, ¡qué borrasca en la mía!

Tierra sobre el cadáver insepulto
antes que empiece a corromperse..., ¡tierra!
Ya el hoyo se ha cubierto, sosegaos,
bien pronto en los terrones removidos
verde y pujante crecerá la hierba.

¿Qué andáis buscando en torno de las tumbas,
torvo el mirar, nublado el pensamiento?
¡No os ocupéis de lo que al polvo vuelve!

*De *En las orillas del Sar;* texto tomado de *Poesías,* ed. Mauro Armiño, pp. 225-226. El poema se refiere a la muerte a los veinte meses de edad de Adriano Honorato Alejandro, penúltimo hijo de la autora.

Jamás el que descansa en el sepulcro
ha de tornar a amaros ni a ofenderos.

¡Jamás! ¿Es verdad que todo
para siempre acabó ya?
No, no puede acabar lo que es eterno,
ni puede tener fin la inmensidad.

Tú te fuiste por siempre; mas mi alma
te espera aún con amoroso afán,
y vendrás o iré yo, bien de mi vida,
allí donde nos hemos de encontrar.

Algo ha quedado tuyo en mis entrañas
que no morirá jamás,
y que Dios, porque es justo y porque es bueno,
a desunir ya nunca volverá.
En el cielo, en la tierra, en lo insondable
yo te hallaré y me hallarás.
No, no puede acabar lo que es eterno,
ni puede tener fin la inmensidad.

Mas... es verdad, ha partido
para nunca más tornar.
Nada hay eterno para el hombre, huésped
de un día en este mundo terrenal,
en donde nace, vive y al fin muere,
cual todo nace, vive y muere acá.

Cenicientas las aguas, los desnudos*
árboles y los montes cenicientos;
parda la bruma que los vela y pardas
las nubes que atraviesan por el cielo:
triste, en la tierra, el color gris domina,
¡el color de los viejos!

De cuando en cuando, de la lluvia el sordo
rumor suena, y el viento
al pasar por el bosque
silba o finge lamentos
tan extraños, tan hondos y dolientes
que parece que llaman por los muertos.

Seguido del mastín, que helado tiembla,
el labrador envuelto
en su capa de juncos cruza el monte;
el campo está desierto,
y tan sólo en los charcos que negrean
del ancho prado entre el verdor intenso

---

* De *En las orillas del Sar.* Texto tomado de *Poesías,* ed. Mauro Armiño
pp. 243-244.

posa el vuelo la blanca gaviota
mientras graznan los cuervos.

Yo desde mi ventana,
que azotan los airados elementos,
regocijada y pensativa escucho
el discorde concierto
simpático a mi alma...
¡Oh, mi amigo el invierno!,
mil y mil veces bien venido seas,
mi sombrío y adusto compañero.
¿No eres acaso el precursor dichoso
del tibio mayo y del abril risueño?

¡Ah, si el invierno triste de la vida,
como tú de las flores y los céfiros,
también precursor fuera de la hermosa
y eterna primavera de mis sueños...!

¡Ea!, ¡aprisa subamos de la vida*
là cada vez más empinada cuesta!
Empújame, dolor, y hálleme luego
en su cima fantástica y desierta.

No, ni amante ni amigo
allí podrá seguirme;
¡avancemos!... ¡Yo ansío de la muerte
la soledad terrible!

Mas ¿para qué subir? Fatiga inútil
¡cuando es la vida fatigosa llama,
y podemos, ¡poder desventurado!,
con un soplo levísimo apagarla!

Ruge a mis pies el mar, ¡soberbia tumba!
La onda encrespada estréllase imponente
contra la roca y triste muere el día
como en el hombre la esperanza muere.

---

* De *En las orillas del Sar*. Texto tomado de *Poesías,* ed. Mauro Armiño
pp. 277-278.

¡Morir! Esto es lo cierto,
y todo lo demás mentira y humo...
        Y del abismo inmenso,
un cuerpo sepultóse en lo profundo.

Lo que encontró después posible y cierto
el suicida infeliz, ¿quién lo adivina?
        ¡Dichoso aquel que espera
tras de esta vida hallarse en mejor vida!

Josefa Estevéz de García del Canto
(184?-?)

*N*acida cerca de Salamanca, estuvo varios años en las
Islas Filipinas, donde su padre, un coronel del Ejér-
cito, fue gobernador. Se casó con Antonio García del Can-
to. En el año 1863 empezaron a aparecer poemas suyos en
torneos literarios, en colecciones y en una revista madrile-
ña, La educanda. Es muy probable que después de esta
fecha fuera, ya casada, a las Filipinas por segunda vez.
Más tarde, en el prólogo a un libro de poesía, dirá que
publicaba poemas en El Diario de Manila bajo el pseudó-
nimo de "Ventura". En 1872, de vuelta en Madrid, co-
laboró en El Correo de la Moda. Su primer libro de poe-
sía, La esposa, salió en 1877; se compone de quince
"cantos" que cuentan los sufrimientos y los gozos de la
mujer genérica, la esposa. El prólogo de Antonio F. Grilo
menciona las tertulias literarias en la casa de los García del
Canto en que Josefa leía algunas de sus composiciones. En
1886 esta poeta publicó El romancero de San Isidro, y en
1888, una colección de poesía, Mis recuerdos, que dedica

*a Salamanca, donde "yacen mis padres, mi hijo, mi aman-
te esposo". El año siguiente profesó en el Convento Sa-
lesiano de Victoria. También publicó un libro de conduc-
ta, un par de novelas y un libro para niños.*

[...]

III*

Cual tortolilla en el nido
de su amor abandonada,
sola está la tierna esposa
en pie tras de su ventana,
esperando tristemente
al amado de su alma,
lleno de amargura el pecho,
los ojos llenos de lágrimas.
Nada de la noche augusta
turba el silencio y la calma.
En el reloj de la villa
las doce ha tiempo sonaran,
hora pavorosa y triste
de espectros y de fantasmas,
en que los muertos tal vez

---

*Esta composición y las siguientes proceden del primer libro de poemas
 e la autora, *La esposa*, Madrid, Antonio Muñoz, 1877, pp. 19-22, 26, 28-
9; 79; 98-99; 102-103. Contadas a veces en primera persona, a veces en
ercera, las experiencias de la protagonista, La Esposa, se presentan como
 s de toda mujer casada de la época.

dejan su tumba olvidada
para visitar amantes
a los que en el mundo amaran.
También de sus muertas dichas
los tristes espectros vagan
por la mente de la esposa,
que los contempla angustiada.
El uno lleva en su mano
un ramo de rosas blancas:
es el mismo que la dio
el amado de su alma
cuando por la vez primera
la juró amor y constancia.
Otro de flores de azahar
lleva la hermosa guirnalda
que el día de su himeneo
su pura frente adornara.
Mas sus flores ya no tienen
ni frescura ni fragancia,
y cual de la esposa el rostro
están marchitas y pálidas.
Del bello ramo de rosas
tan sólo espinas quedaran;
las flores las llevó el viento
cual se llevó las palabras,
los juramentos de amor
del amado de su alma.
Otro, cruel, la repite
con voz amorosa y lánguida:
"Para dos tiernos esposos
que con delirio se aman,
los instantes y las horas
pasan breves como el aura;
mas si voluble el esposo

242

de la esposa ¡ay Dios! se aparta,
por buscar otros placeres
cual mariposa liviana,
que ahora desdeña la flor
que antes ansiosa libara,
son lentos siglos las horas
de tortura para el alma."
—Huid, crueles recuerdos,
dice la esposa angustiada.—
Huid, espectros fatídicos
de mis muertas esperanzas.
Pero ellos más la persiguen
cuanto ella más los rechaza.
De repente ¡oh gozo! ¡oh dicha!
el rumor de unas pisadas.
resuena.— ¡Es mi bien amado!
con trémula voz exclama
la esposa:— Huid de mis ojos
tristes y copiosas lágrimas;
brille la risa en mis labios
y en mi rostro dulce calma,
que no es justo recibir
con llanto al bien que se ama.
Brille el gozo en mi semblante,
¡corazón… bebe tus lágrimas!

[...]

IV

Reverencia, ama a tus padres,
me dicen los mandamientos,
y cuando a casarme fui,
en la iglesia me dijeron:
"Por seguir a tu marido
dejarás padres y deudos."
Vivir entre dos amores,
entre dos polos opuestos,
es vivir luchando siempre,
vivir entre nieve y fuego.
A un lado, hielo se toca;
al otro, se abrasa el pecho.

[...]

[...]

XVII

En la bella y alegre primavera
abrió el capullo su corola hermosa,
y al llegar el estío
era el capullo perfumada rosa.
La sonrisa primera
del fruto de su amor, miró la esposa
en la bella y lozana primavera,
y en el otoño pálido y sombrío
le miró sonreír por vez postrera.
Llegó el invierno, y la amorosa luna,
que en tiempos más dichosos
alumbró con sus rayos misteriosos
al infante en su cuna,
en la noche callada
a visitarle fue en su tumba helada.

XVIII

En busca de mi niño
los ángeles vinieron.

—¡No le llevéis,—les dije;
—si le lleváis me muero!
—Para calmar tu pena,—
los ángeles dijeron,
—de sus cabellos rubios
un rizo te daremos.
—El rizo no me basta;
mi niño sólo quiero.—
Mas ellos no me oían,
y él les seguía a ellos,
cual siguen a las aves
sus débiles hijuelos.
—¡Por Dios!... ¡por Dios!...—gritéles.
y a mi sentido acento
ante el sagrado nombre
su marcha detuvieron.
Volví a estrechar mi hijo
contra mi amante pecho;
miré llenos de vida
sus lindos ojos negros,
y el gozo despertóme...
—¿Es realidad?... ¿es sueño?—
al despertarme dije,
y mi angustioso anhelo
sólo escuchó en respuesta
fatídico silencio;
mas ¡ay! un rizo hermoso
hallé sobre mi pecho:
era prenda de un ángel
que alegre voló al cielo.

Joaquina García Balmaseda
(1837-1893)

Nació en Madrid y estudió declamación en el Conservatorio. Era actriz de joven, y formó parte de la compañía de Joaquín Arjona durante cuatro años. En 1857 salen sus primeras piezas periodísticas en la prensa dirigida a mujeres. Tres años más tarde publicó un tratado sobre labores de malla y un libro de diálogos instructivos, La madre de familia, *que era muy popular: en 1902 este libro había tenido ya diez ediciones. En 1863 le fue encargado el folletín de* La Correspondencia de España, *y entre este año y 1883 tradujo numerosas novelas francesas para el periódico. Su colección de poesía,* Entre el cielo y la tierra, *apareció en 1868. Hizo otro manual de labores de aguja (1876), y recopiló sus artículos periodísticos sobre la mujer en* La mujer sensata *(1882). En 1883 se casó con Eustaquio González Marcos y se encargó de la dirección de* El Correo de la Moda, *cuya directora original, Ángela Grassi, había muerto ese mismo año. Había hecho la revista de modas para este periódico desde 1866. También escribió algunas piezas de teatro. En 1906, trece años después de la muerte de García Balmaseda, su viudo recopiló sus poemas en* Ecos de otra edad.

ENTRE EL CIELO Y LA TIERRA*

Hay días de grata calma,
de tan dulce desvarío,
que flores hasta el vacío
presta a nuestro corazón;
y entre vagas armonías,
y entre sueños de dulzura,
siente el alma de ventura
desconocida emoción;
  y busca un sol más brillante
y otro suelo y otras flores
y más risueños colores
y otro cielo que admirar,
y otro lenguaje que exprese
lo que el suyo en vano trata,
que sólo su afán retrata
con incierto suspirar...

---

* Del primer libro de poemas de la autora, *Entre el cielo y la tierra,* Ma-drid, Imp. de Campo-Redondo, 1868, pp. 9-12. Este poema da título a la colección.

Mas, ¡ay! que en cada suspiro
el alma al espacio vuela,
y nueva vida recela
que no acierta a definir,
y llorando de ventura
por delicias no esperadas,
siente dichas ignoradas
¡y pide en ellas morir!

Y pasan las horas
en rápido vuelo
y el alma levantan,
levantan al cielo...
Mas ¡ay! que ni a él llega
ni en la tierra está.
Y es que hay otro mundo
latente, escondido,
de castas delicias
purísimo nido,
y el alma que siente
a ese mundo va.

Y vienen horas en cambio
en que sin razón segura,
nos envuelve la amargura
con su fúnebre crespón;
y sin saber por qué lloran,
lloran sin tregua los ojos,
en tanto que los enojos
rebosan del corazón;

y ni matices las flores
nos muestran en su corola,
ni la luna su aureola,
ni vemos el sol brillar;
ni los cantos escuchamos

con que las aves se entienden,
y hasta sus ecos ofenden
y doblan nuestro pesar.
    Y huyendo de cuanto bello
el alma en su torno mira,
por otro mundo suspira
y a otro mundo quiere ir,
mundo en donde su amargura
más lata y más ancha viva,
buscando a su pena vida
¡y ansiando en ella morir!
    Y pasan las horas
en amargo duelo,
y el alma levanta,
levantan al cielo...
Mas ¡ay! que ni a él llega,
ni en la tierra está.
Y es que hay otro mundo
latente, escondido,
de santos dolores
purísimo nido...
¡Y el alma que siente
a ese mundo va!

    En alas del sentimiento
más que de la fantasía,
volé un día y otro día
a esa ignorada mansión;
y en sus espacios perdidos
estas hojas se trazaron,
y una tras otra brotaron
de mi pobre corazón.
    Por eso hoy al darles nombre
con que entrar en este mundo,

las llamo como al fecundo
mundo en que las vi nacer;
y aunque aparezcan desnudas
de galas del pensamiento,
¡tendrán las del sentimiento
del mundo que les dio ser!

Eduarda Moreno Morales

Faltan datos biográficos sobre esta poeta. Se sabe que nació en Granada y que fue maestra. Llevaba además el título de académica profesora de la Academia de Bellas Artes de Granada. Se casó; el apellido de su marido fue López-Núñez. Su primer libro de poemas, Ayes del alma, *salió en Granada en 1857. Una década más tarde publicó un libro de poesía religiosa y moral,* Ramillete de azucenas, *con un prólogo de Enriqueta Lozano de Vílchez. Colaboró poco en revistas literarias, pero contribuyó a varias coronas poéticas y homenajes. Su última publicación salió en 1885, un* Salve *dedicada a Nuestra Señora de las Angustias, que escribió con su hermana.*

SAFO*

Ya sumergióse la luna;
ya las pléyades cayeron.

SAFO

[...]

Brisas ligeras que corréis los valles,
olas tranquilas del rizado mar,
auras de la mañana, frescas flores
mecidas por el soplo matinal,

¡a mi amado Faón del alma mía
un suspiro de amor dulce llevad!
Decidle que mi espíritu intranquilo
volando en torno de su amor está.

¡Ay¡ ya la luna sumergióse triste,
velando en nubes su tranquila faz,

---

*Esta es la última sección del poema de este título que fue publicado en e
primer libro de la autora, *Ayes del alma*, Granada, Imp. de Higueras
Otero, 1857, pp. 21-22. Otro ejemplo de la importancia de Safo para la
poetas románticas. Véase "El salto de Leucades" de Carolina Coronado.

y las blancas y pálidas estrellas
ya sus reflejos ocultando van.

   ¿Quién sabe si mañana vuestros rayos
la losa de mi tumba bañarán?
¿Quién sabe si mañana...? ¡Mas, ay, triste!
¿quién vuestro arcano descubrir podrá?

   ¿Y quién del porvenir triste y sombrío
puede el velo terrible levantar?
Sólo una tumba silenciosa y fría
nuestros tristes delirios calmará.

   ¡Ven, ven, Faón! ¡La luna sumergióse!
¡Mi corazón te llama con afán!
¡Un suspiro, un suspiro de tus labios!
Una dulce palabra, nada más.

   Yo en cambio te daré mi vida toda,
y un mundo de placer y de verdad,
y el infinito fuego de mi alma,
ardiente como el seno del volcán.

AL ESTÍO*

> *Yo vivo cuando mueren*
> *el árbol y la flor.*
>
> ZORRILLA

No sois vosotras, perfumadas flores,
las que busca mi frente fatigada,
ni vosotras, ¡oh brisas del estío!
las que refrescan mi doliente alma.

No sois vosotras, cristalinas fuentes,
que a la sombra brotáis de la enramada,
las que busca mi espíritu afligido
para templar de su dolor las ansias.

No sois vosotras, pálidas estrellas
de la noche tranquilas luminarias,
las que buscan mis ojos, abrasados
en sus horas de insomnio por las lágrimas.

* Se reproduce aquí la primera parte del poema, que forma parte de *Ayes del alma*, pp. 123-125.

Ni el nacarado rayo de tu luna,
ni la pálida luz de su mirada,
ni el azul transparente de tu cielo,
ni el perfumado arrullo de tus auras.

Ni la luz vacilante del crepúsculo,
ni la nube que anuncia la mañana,
ni el misterioso canto de tus aves,
ni el débil resplandor de tu alborada.

¿Qué me importan tu gala y tu hermosura
cuando en tu fuego mi razón se abrasa?
¿Qué tu belleza, si tu sol ardiente
quema la dulce flor de mi esperanza?

Abrasador estío de mi vida,
estación destructora de mi alma,
déjame por piedad, que mi cerebro
con tu constante ardor ¡ay! se desgarra.

Que en su triste dolor mi fantasía
otras flores anhela y otras auras:
las flores de los tristes, las que crecen
del jardín de las dichas apartadas.

Yo busco con afán ¡ay! otras brisas
más ligeras, más puras, más heladas,
otras brisas que borren de mi pecho
el ardiente delirio en que se abrasa.

Cuando inclinan sus cálices las flores,
y las aves sus cantos tristes callan,
y en pálidos celajes de amargura
oculta su fulgor la luz del alba;

cuando en la noche silenciosa y fría
el aire zumba en las desnudas ramas,
y las pálidas hojas se desprenden,
tristes formando desiguales danzas

cuando el mundo dormido se parece
al oscuro recinto de la nada;
cuando la luna triste vierte apenas
su incierta lumbre misteriosa y vaga;

cuando ni amor, ni flores, ni armonía
bebe en la copa del placer el alma,
y los suspiros lánguidos se pierden
como el doliente son de una campana;

cuando en las brumas de la fría noche
murmura el corazón una plegaria,
que repetida por el eco vago
forma la triste vibración de un arpa;

entonces vivo yo. La calentura
ardiente que devora mi esperanza
no busca luz, placeres ni alegría
donde inclinar la frente fatigada.

Busco el pesar, porque al pesar comprende;
busco el dolor, porque el dolor me halaga;
del placer cada risa es un insulto
lanzado a un corazón que se desgarra.

[...]

Victorina Sáenz de Tejada
(1841-?)

*N*ació en Granada, pero cuando su padre, que era ma-
riscal de campo, murió en Cuba, se traslado a An-
tequera, todavía niña. Vivía en la miseria, cosiendo de día
y escribiendo de noche. Sin embargo, su precocidad como
poeta despertó el orgullo local. Según Trinidad de Rojas, el
prologuista de su primer libro, fue el pueblo de Antequera
quien costeó la publicación de su poesía "como homenaje
justísimo de admiración y afecto a las letras patrias". Esta
colección salió en Granada en 1865. En 1869 vivía en Sevi-
lla y colaboraba en La Verdad Católica y Las hijas del Sol.
En 1873 ganó la Rosa de Oro de un certamen convocado
por la Academia Sevillana de Buenas Letras. En 1876 pro-
fesó en el convento del Espíritu Santo de Sevilla, recibien-
do el nombre de Sor María de los Ángeles. Seguía escri-
biendo, componiendo dramas para ser representados por
las alumnas del convento. En 1888, obedeciendo al car-
denal Ceferino González, publicó un poema largo, El rey
del dolor, que obtuvo la bendición de León XIII. Otro
poema largo, Azucena entre espinas, siguió en 1893. Se-
gún Simón Palmer (Escritoras españolas), tuvo épocas de
locura.

VICTORINA SAENZ DE TEJADA

A UNA TÓRTOLA*

¡Pobre tórtola, que al viento
sueltas profundos gemidos,
exhalando en los quejidos
lo amargo de tu dolor!
¡Pobre infeliz avecilla!
Con acento plañidero
lloras muerto el compañero
en quien cifrabas tu amor.

No ha mucho que en la enramada
te columpiabas dichosa,
y entonces era amorosa
tu hoy tristísima canción,
porque tu seno latía
bajo el ala del que amabas,
y a su arrullo contestabas
dando a tu dicha expansión.

*Del primer libro de poesía de la autora, *Poesías,* Granada, Imp. de
Otero y Cía, 1865, pp. 19-23. El lamento de la tórtola era un tópico consa-
rado de las poetas románticas desde Gómez de Avellaneda y Carolina Co-
onado. Lo original de esta composición es la nota de protesta patente en el
ontraste entre el silencio impuesto a la mujer y el canto de la tórtola.

Hoy tu canto es una queja
que hiere al alma sensible,
siendo del todo imposible
escucharlo sin sufrir,
pues, al par que es moribundo,
tiene la melancolía
del que anhela en su agonía
dejar pronto de existir.

¿Habrá un dolor comparable
al tuyo, infeliz viuda?
¿Podrá una pena más cruda
atormentar algún ser?
¡Hallarte sola en el mundo,
y tener el alma henchida
de un amor que era tu vida
y es sólo tu padecer!

Mas ¡ay! que en el mundo existe
otro dolor más agudo,
que por concentrado y mudo
va secando el corazón:
un dolor que no se canta
por evitar el desprecio
que el vulgo insensato y necio
da en lugar de compasión.

Que hay tórtolas amorosas
de la sociedad esclavas,
la cual les impone trabas
que las impiden cantar;
y es tanta su desventura
que ni aun las queda el consuelo
de alzar lamentos al cielo
y su dolor expresar.

La muerte con su guadaña
ha de herirte acaso en breve,
y ese dolor tan aleve
con tu vida cesará;
mas la mujer desdichada
que su amor perdido llora
en vano la muerte implora:
la muerte tarde vendrá.

Que, siendo cual tú amorosa,
dióla Dios más resistencia,
porque arrastre su existencia
por abismos de dolor;
que, si algún pesar violento
su vital hilo cortara,
ya con la muerte cesara
de los hados el rigor.

Y es forzoso que ella apure
el cáliz de la amargura,
y sufriendo la tortura
forzoso es también reír
y tragar amargo llanto
sin que humedezca los ojos
porque no los pongan rojos
las lágrimas al salir.

Y es por último forzoso
mostrar la frente serena,
aun cuando el alma esté llena
de un pesar desgarrador,
y ocultar con doble velo
de dicha y de ligereza
la incomparable grandeza
de un firme y constante amor.

¡Oh! ¡tan noble sentimiento
ocultar como un delito!
¡Ahogar el profundo grito
que el pecho quiere exhalar!
Es ley terrible que impone
la sociedad inhumana,
cuando del cielo dimana
el santo anhelo de amar.

Si en la mujer los amores
son elevados, sublimes,
sociedad ¿por qué la oprimes
con bárbara iniquidad?
¿Por qué cual la tortolilla
no ha de cantarte sus glorias,
o lamentar sus memorias,
perdida felicidad?

¿Por qué en su amoroso éxtasis
no ha de exclamar "yo te adoro"
y por qué ocultar el lloro
de una perdida ilusión?
¡A un pajarillo conceden
sentimientos de ternura,
y a la mujer dulce y pura
la niegan un corazón!

Mas ¡ay de mí! yo deliro.
Sigan las aves cantando,
y la mujer ocultando
su desdicha o su placer;
que tal vez el cielo ordena
la sujección que me espanta,
pues ¿quién comprende, si canta,
el cantar de la mujer?

Que si ella libre expresara
su abnegación, su terneza,
el mundo tanta grandeza
no pudiera concebir;
cual se ignora de un idioma
la gracia y fluidez que encierra
si allá en extranjera tierra
es donde se deja oír.*

Siga la mujer callando,
y canta, libre avecilla,
que en tu cántiga sencilla
das lenitivo al dolor;
y pues eres comprendida,
con acento plañidero
llora muerto al compañero
en quien cifrabas tu amor.

---

*Esta idea de que la experiencia de la mujer no encuentra expresión en el
nguaje corriente surge también en el poema siguiente.

A MI AMIGO D. EMILIO DE LA CERDA

DESALIENTO*

En vano, mi buen amigo,
quieres escuchar mi canto;
en vano, por complacerte,
he pretendido entonarlo.
    Yo cantar antes podía,
porque el divino entusiasmo
en mi alma prendió su fuego,
con fúlgida luz brillando.
    Entonces mi genio ardiente
dio vida a lo inanimado;
la luz de mi fantasía
iluminó los espacios.
    Hoy sólo existe en mi alma
el hielo del desencanto,
la luz fatídica y triste
con que alumbra el desengaño.
            [...]
    Dime dónde hallar colores
a la vez fuertes y opacos,
que pinten vehemente anhelo,

* De *Poesías,* pp. 114-117

y al par languidez, cansancio.
    Dime si hay notas que expresen
un corazón desgarrado
que joven y ansiando vida,
lucha con la muerte en vano.
                    [...]
    Para pintar mi tristeza
imágenes he buscado
en las campiñas sin mieses,
en los jardines sin ramos,
    en la tórtola que gime
su compañero buscando,
en la noche tormentosa
con tinieblas y sin astros.
    Mas encuentro, buen amigo,
todo símil inexacto;
todo lo encuentro pequeño
con mi pena al compararlo.
                    [...]
    ¿Quieres conocer, poeta,
de mis pesares un tanto?
Es que una sed me devora,
y nunca, nunca la sacio.
    Es que Dios hizo mi alma
para un goce ilimitado,
y es tan adversa mi suerte
que ni aun el más breve alcanzo.
    Es.. mas ¡ah! tú no comprendes
este sufrimiento amargo
que con su fuego marchita
la pobre flor de mis años.
    Tú no sabes el tormento
que es tener en frágil vaso
alma ardiente de poeta

267

sin haber de quebrantarlo.
 Tú, en alas del raudo genio
el éter puro cruzando,
puedes cual águila alzarte
a donde impera el rey astro;
 yo soy pobre pajarillo
en mi jaula aprisionado;
para volar tengo aliento,
pero me falta el espacio.

 Tú eres el erguido roble
que al viento descadenado
opones tu duro tronco
que sus furias no troncharon.

 Yo soy el débil arbusto
para el noto sin resguardo;
su saña rompe mi tronco,
desgaja mis verdes ramos.

 Tú, al volar libre hasta el cielo,
admiras paisajes varios,
ricos de luz y colores,
para en tus versos cantarlos.

 Yo miro no más que el tiempo
resbalar con lento paso;
¿qué ha de ver para cantarte
el pajarillo enjaulado?
    [...]
 Por eso cantar tú debes
y al siglo arrancar un lauro,
que es tu porvenir la *gloria*
y para mi sueño vano.

 Canta esperanzas y amores,
gloria, nobleza, entusiasmo,
y déjame a mí en silencio,
tedio cruel devorando.

Faustina Sacr de Melgar

Faustina Sáez de Melgar
(1834-1895)

*N*ació en la provincia de Madrid (Villamanrique del
Tajo). Comenzó a escribir muy joven a pesar de la
oposición de sus padres. Sus primeros poemas aparecieron
en 1852 en el Album de Señoritas y Ellas. Unos años des-
pués se casó con Valentín Melgar y se trasladó a Madrid.
Allí nacieron sus primeros hijos, uno de los cuales falleció
en 1858; otro fallecería en 1864. En 1859 comenzó a desa-
rrollar una prodigiosa actividad literaria. En aquel año sa-
lió la colección de su poesía, La lira del Tajo, y un librito
de poesía patriótica con motivo de la guerra de Marruecos,
África y España. El año siguiente publicó dos obras de
ficción, una de las cuales, La pastora del Guadiela, tuvo
un éxito impresionante. Siguió publicando por lo menos
una novela cada año durante las dos décadas siguientes.
Entre 1862 y 1866 fue directora de la revista La Violeta,
que publicó composiciones escritas por casi todas las escri-
toras de la época. Luego fue directora también de La Ca-
nastilla Infantil y de París Charmant Artistique. Amiga de

muchas escritoras, ayudaba a las principiantes. Además de ser miembro del Comité de Señoras de la Sociedad Abolicionista Española (constituido en 1865), fue presidenta del Ateneo Artístico y Literario de Señoras, que se fundó en 1869. Su actividad literaria disminuyó algo durante la década anterior a su muerte ocurrida en 1895.

A MI QUERIDA AMIGA

LA MAGA DE LA MONTAÑA*

A ti, querida mía, que sabes de la lira
templar las cuerdas de oro con grata vibración,
a ti cuya elocuencia armónica le inspira
al pecho que te adora tan dulce sensación.

A ti, Maga divina de celestial encanto,
bellísima cual pura y deliciosa flor,
dirijo enamorada el insonoro canto
que arranca al pecho mío tu misterioso amor.

Ensueño de mi ardiente, lozana fantasía,
que ha tiempo presentóme tu cándida beldad,
en vaporoso prisma doquiera te veía,
mas nunca se acercaba la hermosa realidad.**

---

* De la primera colección de poesías de la autora, *La lira del Tajo,* Madrid, Bernabé Fernández, 1859, pp. 57-59. No tengo noticia de qué poeta se llamaba la Maga de la Montaña, pero eran muchas las escritoras con las cuales Sáez de Melgar trabó amistad. La práctica de dedicar poemas a otra poeta estuvo vigente desde la primera generación romántica hasta el fin de siglo.

** Un tratamiento similar de este tópico romántico se encuentra en "A una sombra" de Manuela Cambronero.

Veíate en las nubes, flotante y hechicera,
veíate en los rayos del moribundo sol,
veíate en la luna que tibia reverbera,
y en el azul espacio, cubierta de arrebol.

Veíate en las ondas del plateado río,
la frente coronada de mirto y de laurel,
y luego en breve giro tornándote, amor mío,
de ondina de las aguas en lirio del vergel.

Veíate animosa en la vecina playa,
al océano inmenso lanzando tu cantar,
sirviéndote los riscos de fuerte y de atalaya,
do las soberbias olas llegábanse a estrellar.

O ya en la gruta bella de la feliz montaña,
do tienes escondida tu virginal mansión,
veíate entre flores ceñir de nuestra España
con sólo una mirada la mágica extensión.

Veíate en la tierra mi mente fascinada,
veíate en el cielo cual nube de zafir;
tu imagen en mi pecho quedóse tan grabada,
que hasta en la noche oscura veíala lucir.

Soñó mil perfecciones mi corazón amante,
y al escuchar tu nombre, te concedí mi amor;
la dulce simpatía, inmensa, delirante,
se apoderó del alma con sin igual ardor.

Te amé como se adoran los ángeles del cielo,
con expansión sublime, inextinguible y fiel,
y llena de entusiasmo seguí con dulce anhelo
tu fugitiva sombra del templo hasta el dintel.

272

Y allí te vi, cual nunca, ¡oh Maga encantadora!
cual te soñó amoroso mi ardiente corazón,
cual te miré en las nubes que el rojo sol colora,
tras la brillante bruma de mi óptica ilusión.

Allí miré extasiada tu singular belleza,
y abriéndome los brazos con gracia celestial,
el labio mío al tuyo unióse con presteza,
en éxtasis sublime, magnífico, ideal.

Y unidas nuestras almas, unido nuestro canto,
alcémosle anhelosas con emoción feliz,
las altas maravillas del firmamento santo
cantando, y de las nubes la púrpura matiz.

Cantemos de natura la majestuosa calma,
enajenadas siempre de amor y de placer;
cantemos cuanto admire de santo y noble el alma,
unido siempre al mío tu misterioso ser.

Si tú eres Maga, y tienes la gruta solitaria,
en escarpada roca, montaña o torreón,
yo buscaré en las ondas de la corriente varia
el oriental palacio que forja mi ilusión.

Me llamaré la Maga de la ribera umbría,
y unidos nuestros nombres, por siempre sonarán;
Maga de la Montaña, serás tú hermana mía,
y en la vecina playa dos arpas se alzarán.

NOVIEMBRE*

Triste es la historia de Noviembre helado;
no tiene aromas, pájaros, ni flores,
ni disfruta un instante los favores
del firmamento puro y despejado.
En tanto dura su infeliz reinado,
el éter no le muestra sus colores,
y sigue su carrera en los horrores
de un cielo siempre gris y encapotado.
Yerto doquier el campo, blanquecinas
las altas crestas de los pardos montes,
de nieve coronadas las colinas,
sombríos los extensos horizontes,
y las corrientes aguas plateadas,
se miran en los ríos congeladas.

Noviembre de 1856

* De *La lira del Tajo*, p. 90.

Pilar Sinués de Marco
(1835-1893)

*N*acida en Zaragoza, muy joven ingresó en un conven-
to, pero luego salió para casarse con el periodista
*José Marco. Empezó a dar sus obras a la prensa en 1854 en
Zaragoza:* Mis vigilias *(1854)* y Luz de luna *(1855) son
leyendas fantásticas o históricas en verso.* Cantos de mi lira
y Amor y llanto *(Madrid, 1857) siguen en la misma vena.
En 1857 también salió la tercera edición de* Rosa, *la prime-
ra novela de costumbres de Sinués, y la segunda edición de
las novelas* Margarita y Premio y castigo. *Se multiplican a
un ritmo vertiginoso títulos y ediciones sin parar hasta la
muerte de la autora. Publicó su única colección de poesía
lírica,* Flores del alma, *en 1860: recoge los poemas que
había escrito durante la década anterior. Una de sus obras
más importantes, un compendio de novelitas y de consejos
morales,* El ángel del hogar, *tuvo en su segunda edición
corregida y aumentada en 1859; alcanzó su sexta edición
en 1881. Entre 1865 y 1869, Sinués dirigió una revista del
mismo nombre. Colaboraba además en varios periódicos y*

revistas de la época, siempre tratando los mismos temas: la poesía de la vida doméstica, la educación de las niñas, los premios de la virtud femenina. Carmen Simón Palmer (Escritoras españolas, p. 630) observa que "[f]alleció en Madrid el 19 de noviembre de 1893, sola y abandonada por su esposo, después de haber dedicado gran parte de su obra a aconsejar al resto de las mujeres sobre el matrimonio".

LAS NUBES Y EL VIENTO

APÓLOGO*

EL VIENTO

—Yo soy el rey del mundo, aunque también el cielo
domino poderoso, cual ínclito señor;
yo soy el rey del monte, aunque también del suelo
en los profundos antros encierro mi furor.

Si gimo, sollozando laméntase la tierra:
si canto, alzan las flores su cándido reír;
yo até los elementos a mi corcel de guerra
pues hasta al mar osado mi furia hace gemir.

La sierra, el monte, el llano, del bosque la espesura,
la fuente, el arroyuelo, el pájaro y la flor

---

*Texto tomado del tercer libro de poesía de esta prolífica escritora, *Flores del alma,* Barcelona, Narciso Ramírez, 1860, pp. 15-17. El subtítulo, "Apólogo", da la clave del sentido del poema: esta alegoría de las relaciones entre los sexos encierra una defensa del derecho de escribir de la mujer dentro de las normas marcadas para su sexo.

mi imperio reconocen y acatan mi bravura
y lloran, si me irrito, temblando de pavor.

Con truenos y relámpagos combato la osadía
de nubes altaneras que, en densa oscuridad,
el manto azul del cielo envuelven a porfía
y cubren con su sombra del sol la majestad.

Y henchidos ya sus senos de lágrimas, cruzando
la esfera, van perdidas en loca confusión,
hasta que en llanto amargo dolientes reventando,
me piden les otorgue la paz y mi perdón.

LAS NUBES

—¡Ay, sí! Y en vano, en vano luchar contigo ansiamos
y hundir eternamente tu omnímodo poder:
que impávido te burlas del triunfo que anhelamos,
y al fin tu rabia impía destruye nuestro ser.

Por eso al verte huimos; por eso el ancho cielo
cubrimos con cendales que oculten nuestro afán;
por eso en llanto amargo se funde nuestro duelo
y lágrimas mezclamos al hórrido huracán.

Mas hay entre nosotras algunas nubes bellas
que gozan venturosas de calma y de placer:
lucientes, sosegadas, del claro día estrellas,
ostentan, siempre hermosas, su gracia por doquier.

El cielo azul cruzando, cual hadas vaporosas,
reflejan en la fuente su mágico arrebol;
y lucen sus celajes, tranquilas y dichosas,
los besos recibiendo del refulgente sol.

¿Por qué, di, tus furores respetan su hermosura?
¿Por qué nunca esas nubes tuvieron que llorar
ni cuando airado bramas del bosque en la espesura
sus formas en tu furia pretendes sepultar?

EL VIENTO

—Porque esas blancas nubes serenas e inocentes
jamás formar supieron granizo destructor;
porque esas blancas nubes su faz muestran rientes
y nunca encapotaron del cielo el resplandor.

El grande acatar debe lo dulce y amoroso;
el fuerte, la inocencia, la calma y suavidad:
por eso el rey del mundo, el viento poderoso,
respeta de esas nubes la cándida humildad.

Madrid, agosto de 1857

A MI LIRA*

¿Por qué te abandoné? ¿Por qué, inclemente,
plácida y dulce compañera mía,
no te acaricio ya, cual otro tiempo,
y te dejo olvidada tantos días?

Yo te encontré en el valle una mañana
de la copa de un árbol suspendida,
y, al verte, me detuve a contemplarte
con mi inocente candidez de niña.

Una paloma de color de cielo
en las ramas del árbol se cernía
y llevabas la frente coronada
de blancas y rosadas campanillas.

De improviso, sentí de dulce llanto
inundarse mis cándidas pupilas,
y al corazón que, en mi inocente pecho,
con estraño latir se estremecía.

---

* También de *Flores del alma,* pp. 104-109.

Y era que con sus alas la paloma
acarició tus cuerdas peregrinas,
y un sonido lanzaron que a mi alma
diérale un mundo de contento y vida.

Vi entreabrirse los cielos: los querubes,
que el trono de la Virgen circuían,
entonaron un himno de amor lleno
que mi entusiasta corazón bebía.

Éxtasis fue que reveló a mi alma
que hay otro mundo de ventura y dicha;
y a la madre de Dios vi que, risueña,
entre nubes al valle descendía.

Desprendióte del árbol, en mis manos
púsote al fin con celestial sonrisa,
y me dijo con voz que desde entonces
en el fondo quedó del alma mía:

—"Ésta es tu compañera: para siempre
consérvale tu amor, hija querida.
Y no desprendas de su frente humilde
esa corona de altivez sencilla."

"Toda la dicha que en tu vida cabe
te la ha de dar tu enamorada lira;
ecos de bendición son sus acentos
o dulces ecos de alabanzas mías."

Dijo, y desapareció: su voz celeste
yo escuché prosternada de rodillas,
y, al alejarme, te tomé en mis brazos
como a una tierna y cariñosa amiga.

Cuando, a la tenue luz de las estrellas,
me trajo el sueño arrulladora brisa,
suspendida quedaste de mi cuna
y mi sueño encantó tu compañía.

Cambióse mi destino: a todas partes
conmigo te llevé, mi dulce lira,
y en ti buscaba mi consuelo sólo,
si el dolor me agobiaba o la vigilia.

De duelo y de pesar eran tus ecos
de mi vida en las páginas sombrías,
y con ecos de amor y de esperanza
celebrabas, alegre, mi sonrisa.

Mas luego te olvidé: que me dijeron
que el mísero metal compra la dicha,
y oíste al oro, en estridentes sones,
que de tu casta sencillez reía.

Por eso enmudeciste: yo, en mal hora
atenta a contemplar el ansia impía
con que corren los míseros humanos
a gozar el festín que llaman vida,

de ti me separé, vi tu corona
a mis plantas caer seca y marchita,
y te quedaste, encanto de mis ojos,
silenciosa, olvidada y abatida.

¡Ay! ¡También mi corona de ilusiones
la dura suerte convirtió en ceniza,
y el loco mundo, que miraba ansiosa,
mi triste frente coronó de espinas!

Y allí, en la cabecera de mi lecho,
tú me has visto doblar la sien herida;
tú me has visto llamar tiempos mejores
y has recogido las plegarias mías.

Hoy me vuelvo a tu amor: ingrata he sido,
ingrata para ti, mi dulce amiga;
pero yo te prometo para siempre
en el alma guardar tus melodías.

Horas serán de afán las que consagre
al rudo empeño de ganar la vida:
las horas de dolor, serán la prosa;*
las horas de placer, la poesía.

Vivirás para mí: y en amor santo
volveremos a estar por siempre unidas,
que sólo con amor pagar podemos
los dones que los cielos nos envían.

Cantemos a las madres y a los niños;
cantemos del amor la luz bendita;
cantemos la virtud, la paz del alma...
y Dios recogerá nuestra armonía.

Y en vez de la corona que perdiste
cuando te abandoné, mi pobre lira,
en tu frente pondré el nevado velo
que mi frente ciñó cuando era niña.

* Una referencia, sin duda, a su infatigable actividad de novelista y perio-
dista.

Y entre el tenue tejido de su gasa
brotarán los amores, las sonrisas,
y de la infancia los halagos puros
que irán a acariciar tu sien marchita.

Cuando juntas cantemos, en sus pliegues
dejarásme ocultar con alegría,
y detrás de mi velo de inocencia
quedarán las tormentas de la vida.

Madrid, septiembre de 1859

LA TERCERA GENERACIÓN:
ESCRITORAS NACIDAS ENTRE 1850 Y 1869

Rosario de Acuña
(1851-1923)

*N*acida en Madrid en el seno de una familia aristocráti-
*ca, desde la infancia padecía de graves problemas de
visión. Fue educada en un convento. Cuando salió, viajó
por Portugal y Francia, y estuvo durante varios meses en
Roma con su tío, el embajador Antonio Benavides. Su pri-
mera publicación,* La vuelta de una golondrina, *salió en
1875, y fue seguida un año más tarde por la colección de
poesía* Ecos del alma. *1876 fue además el año en que se
casó y en que se estrenó su primera obra dramática,* Rienzi
el Tribuno. *Seguía escribiendo para el teatro con gran éxi-
to, y también publicaba poesía cómica y tratados sobre la
naturaleza y la vida rural. En 1880 su* Tribunales de ven-
ganza *se estrenó en el teatro Español de Madrid. Se separó
de su marido y se rodeaba de librepensadores y masones,
colaborando en* Las Dominicales del Librepensamiento *en
1885 e ingresando en una logia alicantina en 1886. En 1888
llegó a ser la primera mujer invitada a dar una conferencia
en el Ateneo de Madrid. Sin embargo, después de la repre-*

sentación en 1891 de su drama anticlerical El padre Juan, *la actitud hostil de las instituciones oficiales hizo difícil su vida social y literaria en Madrid y se fue a vivir a su finca. Ya se había quedado casi ciega. Provocó otro escándalo en 1911 al protestar por el tratamiento dado a dos estudiantes norteamericanas en la Universidad y tuvo que abandonar España durante cuatro años.*

¡POETISA...!*

Raro capricho la mente sueña,
será inmodesta, vana aprensión.
Tal palabra
no me cuadra;
su sonido
a mi oído
no murmura
con dulzura
de canción;
no le presta
la armonía
melodía
y hace daño
al corazón.

Tiemblo escucharla; ¿será manía?
Oigo un murmullo cerca de mí:
no me cuadra
tal palabra;

* De la única colección de poemas líricos de la autora, *Ecos del alma*, Madrid, Imp. de Gómez Fuentenebro, 1876, pp. 4-5.

que el murmullo
que al arrullo
de la sátira
nació,
me lastima
con su giro
y un suspiro
me arrancó.

Si han de ponerme nombre tan feo,
todos mis versos he de romper;
no me cuadra
tal palabra,
no la quiero;
yo prefiero
que a mi acento
lleve el viento,
y cual sombra
que se aleja
y no deja
ni señal,
a mi canto,
que es mi llanto
arrebate
el vendaval.

LA ÚLTIMA ESPERANZA*

Yo la vi, consolando mis dolores
en sueños de oro, deleitar la mente
en el bello jardín de mis amores;
dulce, risueña, cariñosa, ardiente,
la vi cuidando sus marchitas flores.

Pura como la luz de las auroras
que el cielo manda en ardoroso estío,
fue extendiendo sus alas protectoras,
y consiguió crear en torno mío
dulces, tranquilas y dichosas horas.

Claro destello del fulgor divino,
brilló en la noche que oscurece el alma;
mostrando un horizonte a su destino,
hizo latir el corazón con calma
y a mi planta insegura abrió camino.

* También de *Ecos del alma,* pp. 59-60.

Como la brisa leve y vaporosa
que limpia el cielo de celaje impuro,
de mi existencia triste y dolorosa
fue destruyendo su pasado oscuro,
envuelto entre la bruma tenebrosa.

Última flor que el alma atesoraba,
nacida de pesar en los abrojos,
su grato aroma mi dolor calmaba,
y al contemplarla mis nublados ojos,
de nuevo aliento a mi existir prestaba.

¡Ah, pobre corazón! tú no sabías
que si la hallabas insensible, yerta,
al perderla por siempre, te perdías,
y te recuerdo que tu muerte es cierta
en el adiós postrero que la envías.

Mírala ya morir; su luz lejana
entre las nubes pálida vacila;
su hermoso resplandor fue sombra vana;
tu estrella en el Oriente triste brilla,
y cual ella, tal vez, mueras mañana.

Tu otoño llegó al fin, triste y sombrío,
sin un matiz de amor, sin un recuerdo
que del futuro invierno temple el frío.
¡Ya para siempre con dolor la pierdo;
sombras quedan no más en torno mío!

Madrid, 187...

LA PRIMERA LÁGRIMA*

Yo la sentí pasar cual lava hirviente;
del corazón en el profundo seno
hizo brotar un manantial ardiente,
se derramó en el alma su veneno
y una arruga precoz marcó mi frente.

Ella, rompiendo los amantes lazos
en que ilusión me tuvo adormecida,
arrojóme del dolor en brazos;
sin aliento caí, quedé sin vida
y roto el corazón en mil pedazos.

¡Lágrima abrasadora que has brotado
en los umbrales de mi edad primera!
tu amargo manantial no fue secado,
y presiento que en mi edad postrera
aún tu ardiente raudal no esté agotado.

---

* También de *Ecos del alma*, pp. 172-173.

Tú enturbiarás mis apagados ojos
cuando el alma, rompiendo sus cadenas,
deje este mundo de aridez y abrojos,
lago revuelto de dolor y penas
que causa al corazón fieros enojos.

Y entonces, cual postrera despedida
a un mundo que jamás he comprendido,
en tu esencia volará mi vida,
y en la mansión eterna del olvido
para siempre quedará dormida.

Sofía Casanova
(1862-1958)

*N*ació Sofía Pérez Casanova en un pueblo de La Coruña, pero quedó huérfana de padre muy pronto y fue con su madre a Madrid a estudiar; desde entonces sólo utilizaba el apellido materno. En Madrid frecuentaba las tertulias literarias y consiguió la protección de Ramón de Campoamor. Mandó algunos de sus primeros poemas a Flores y Perlas en 1883, y publicó una colección en 1885 con un prólogo muy elogioso de R. Blanco Asenjo. Dos años más tarde se casó con el filósofo polaco Vicente Lutoslawski y fue a vivir con él cerca de Varsovia en su finca Drozdowo. Volvió a La Coruña en 1897 para recuperarse de la muerte de una de sus hijas y de una enfermedad; una nueva colección de poemas, Fugaces, salió el año siguiente. En las primeras décadas del siglo veinte obtuvo mucho éxito, primero con sus descripciones de viajes por Polonia y Rusia, y luego con las crónicas de la guerra mundial y la revolución bolchevique que publicó en el ABC. Su libro La revolución bolchevique (Diario de un testigo) salió en*

1920. Había alcanzado tanto prestigio por su escritura en varios géneros que en 1923 le fue concedida la Gran Cruz de Alfonso XII y fue propuesta para el Premio Nobel de Literatura. Era amiga de Emilia Pardo Bazán y de Blanca de los Ríos, y la preocupación por la mujer y su situación social era una constante en sus artículos. Hizo su última visita a España en 1938; de vuelta a Varsovia sufrió la ocupación alemana y la contraofensiva soviética. Murió en Poznan en 1958.

ANHELO*

Seguid la carretera que tendida
      entre prados está,
como inmenso reptil de fina escama
      parado a descansar,

y una plaza, antesala de una aldea,
      por fin encontraréis,
donde la vieja iglesia está orgullosa
      de su misma vejez.

Y allí, donde agrupadas las acacias
      al declinar el sol
parecen los guardianes que se estrechan
      para velar mejor;

allí donde las brumas misteriosas
      flotan entre la luz;
donde corta el escueto campanario
      el horizonte azul;

* Del primer libro de poesía publicado por Casanova, *Poesías,* Madrid, Imp. de Alaria, 1885, pp. 2-3.

allí donde las negras cordilleras
        parecen a mi afán
negras perlas formando de los valles
        el sombrío collar,

está la pobre aldea que idolatro,
        porque en ella nací,
cuando el otoño descolora impío
        de la selva el matiz.

Mi hogar perdido en la olvidada aldea
        contemplad con amor,
y en su iglesia rezad, que allí he rezado
        mi primera oración.

¡Mi aldea! quiero verla, quiero sola
        sus playas recorrer,
y aspirar en sus auras nueva vida,
        la vida de la fe.

¡Llevadme por favor! busco armonías
        que sólo encuentro allí,
secreto de sus noches y sus olas
        que cantan al gemir.

Quiero, Galicia, en tu adorado seno
        mi tristeza cantar,
tú, que vives cual yo desventurada,
        tú me comprenderás.

Quiero en tus soledades dar al mundo
        mi postrimer adiós...
y en tu iglesia rezar entre mis lágrimas
        mi postrera oración.

ANTOLOGÍA

IMPRESIONES*

A MI CONSTANTE AMIGA FAUSTINA DE FERRARI

Sólo la golondrina,
que retorna feliz a sus hogares,
es mi dulce vecina.
Su nido tiene al lado de la encina
que da sombra y misterio a mi ventana;
canta doliente cuando el sol declina,
y alegre cuando luce la mañana.
Es que llegó, por fin, la primavera,
esa estación de aromas y de flores,
acaso de mi vida la postrera.

Tiendo la vista en derredor, y lejos
miro la curva azul del horizonte,
que parece apoyarse con pereza
en las vertientes del quebrado monte;

*De la segunda colección de poemas de Casanova, *Fugaces,* La Coruña,
Biblioteca Gallega, 1898 pp. 3-5. Pertenece a la sección de poemas escritos
antes de 1886.

y el cercano pinar, allá extendido,
alza sus copas al rosado cielo,
cual si buscase allí su bien perdido,
mientras la brisa en impalpable vuelo
deja a la flor, que se murió en el suelo,
un beso misterioso en un gemido.
¡El paisaje, la luz, todo a mi mente
lleva una idea de feliz memoria!
¡Quién, ante un horizonte inexplorado,
con el amor del alma no ha soñado
y con el dulce engaño de la gloria!
El horizonte abierto ante mi vista
me hace esperar la libertad ansiada;
y el paisaje y la luz me hacen artista,
y un afán de ternura, desgraciada.

Cerca de mí, la errante golondrina,
que retorna feliz a sus hogares,
es mi dulce vecina.
Al lado de la encina
que da sombra y misterio a mi ventana
su nido ha fabricado,
y, cuando nace alegre la mañana,
con canto regalado
la saluda su amante enamorado.
Ella despierta; las pequeñas plumas
sacude levemente,
y besa la cabeza de su amante
cual besan las esposas en la frente;
y se acarician con las tenues alas,
y se miran con ansia placentera,
y no sé qué misterios, entre arrullos,
él le dice a su amante compañera.

De la extensión vacía
torno los ojos al dichoso nido
y me abruma tenaz melancolía.
¡Quién, al ver de esas aves el anhelo,
no recuerda las horas de la infancia,
no piensa, triste, en el amor perdido,
y en la familia y en el patrio suelo!...
Ese hogar entre ramas escondido
me hace llorar, y presentir el cielo.

Madrid

VAGUEDADES*

Porque luché; porque siento
triste el alma y dolorida,
dejadme con las quimeras
que llevo en el alma mía.
Son vagas supersticiones
entre la sombra nacidas;
son los despojos que arrojan
los naufragios a la orilla.

¡Dejadme! quiero en los campos
buscar esa flor sencilla,
que *no me olvides* se llama,
que pálido azul matiza,
que cuando alborea nace,
y muere al morir el día.

Quiero del punzante cardo,
que a los jarales lastima,
coger el nevado copo

*También de *Fugaces,* pp. 15-17. Fue escrito antes de 1886.

que entre sus hojas se cría,
antes que el viento lo lleve,
antes que pase a mi vista
recordándome en su marcha
la gloria, el amor, la vida.

Dejad que persiga ansiosa
esas plumas fugitivas,
blancas flores del espacio
que en el espacio se agitan,
y que quizás, al arrullo
de enamorada caricia,
del nido que las guardaba
se cayeron desprendidas.

Y en mi caja de recuerdos,
hecha de nácar y cintas,
dejad que en la noche guarde
la mariposa bendita,
que a mí se acerca en la noche
anunciándome alegrías,
que me hace soñar que vuelven
las ilusiones perdidas.

Abro la caja que encierra
mis reliquias adoradas,
y el viento arrastra las plumas,
los blancos copos se escapan;
y sólo queda en su fondo,
con las alitas plegadas
como si tras largo vuelo
mansamente reposara,
mi mensajera de dichas,
mi mariposa dorada.

Así también del espíritu
se alejan las dulces ansias,
y a veces queda en su fondo
como aterrador fantasma
el cadáver insepulto
de una postrera esperanza.
¡Ay! si es la fe la que, muerta,
llevamos dentro del alma!

NI EN LA MUERTE*

¡Ah! la esperanza perdida
y la duda que avasalla,
combaten en la batalla
que libramos en la vida.
La felicidad querida
jamás se puede alcanzar;
y, en nuestro fiero luchar,
podemos sólo decir,
que el alma es para sentir,
los ojos para llorar.

¿Y esto es vivir? De esta suerte
luchar y ¡consuelo vano!
¡la paz pedir al arcano
misterioso de la muerte!
¡Y pensar que ni aun perderte
se puede, existencia impía,
porque tras la tumba fría
donde el cuerpo se deshace,

* De *Fugaces,* pp. 19-20. Escrito antes de 1886.

a otra vida se renace
y se empieza otra agonía!

No, no; basta de vivir
con el alma destrozada;
tengamos tras la jornada
el descanso de morir.
Que es el nacer y el sentir
la desventura mayor,
y aunque otra vida mejor
nos ofrezca dulce calma,
será, si es eterna el alma,
eterno nuestro dolor.

GOTAS DE AGUA*

Gota de agua es la lágrima brillante
que, al nacer, en los ojos se evapora;
gota de agua es la perla de rocío
que nace y muere en la mañana hermosa.

Gota de agua también es la perpetua
gota que filtra y que la piedra horada,
secreto de las rocas de granito,
caliza filtración de la montaña.

¡Gotas de agua las dos! Mas, ¡cuán distinta
es la que nace y muere en un momento,
de aquella que, entre rocas serpeando,
se petrifica y desafía al tiempo!

Así también del alma soñadora
brotan, a veces, fugitivas lágrimas,
que mueren a la luz de una sonrisa,
que evapora el calor de una esperanza.

* También de *Fugaces,* pp. 49-50. Escrito antes de 1886.

Y, otras veces, hay lágrimas que brotan
y dejan en el alma, para siempre,
estalactitas de dolor profundo,
que el tiempo agranda, y que jamás perecen.

FAMILIARES*

I

Rozando en los cristales cae la nieve,
antes de dar con su blancura en tierra,
y al cruce del trineo por la calle,
la nieve, endurecida, se cuartea.

En la desierta calle, de las casas
se distinguen borrosas las siluetas,
más se oculta que brilla entre celajes
de la luna la pálida belleza.

Las cornejas, de frío desveladas,
graznan desde las torres de la iglesia,
y aúlla el perro guardador del atrio
donde se apiña la cortada leña,

---

* De *Fugaces;* pertenece a la sección de poemas escritos entre 1887, cuan-
do se casó la autora, y 1898. Drozdowo, donde se compuso este poema, era
el señorío de la familia del marido de Casanova.

que oculta a trechos por brillante nieve
y a grandes trechos por la sombra envuelta,
algo tiene en sus curvas desiguales
de monstruosa o fatídica apariencia.

Y allá a lo lejos, como sol caído
que conservara de su luz la fuerza,
de un incendio las rojas llamaradas
el horizonte negro colorean.

Al cielo suben en humeantes olas
del infortunio y del dolor las quejas,
y al ruido de un hogar que se derrumba,
hasta la noche en los espacios tiembla.

¡Y todo en calma aquí! Con suaves luces
la lámpara ilumina en la ancha mesa
las hojas de papel, los varios libros
que el trabajo constante desordena.

Imágenes queridas nos sonríen,
recuerdos de mi España nos rodean,
y al calor del hogar se abren mis flores,
dándome anticipada primavera.

Del calado balcón por los cristales,
un rayo de la luna, que penetra
hasta el ángel que plácido reposa,
con claridad de amanecer se acerca;

y al posarse en la frente adormecida,
donde aún son nacaradas las ideas,
y al posarse en los ojos que fulguran
despiertos, con la vida que alborea,

yo pienso que es de Dios una mirada
ese rayo de luz pálida y bella
que viene a prometerme que los males
no herirán una vida que comienza.

Cae la nieve rozando en los cristales,
se ve a lo lejos que el incendio aumenta...
Detén la pluma, deja el libro y dime:
¿por qué el Dolor no emigra de la tierra?

Drozdowo

Filomena Dato Muruais
(?-1926)

*N*acida *en Orense, vivió la mayor parte de su vida en Galicia. Su primera publicación, un folleto en verso, apareció en Orense en 1877. Es muy probable que estuviera en Madrid entre 1880 y 1883, porque allí salió en 1880 su primera colección de poesía,* Penumbras, *que fue reseñada en* El Imparcial. *En estos años publicaba poemas en revistas dirigidas por escritoras madrileñas:* El Correo de la Moda, Flores y Perlas, *y* París Charmant-Artistique. *Tenía relaciones amistosas con varias poetas del día; Sofía Casanova y Josefa Estévez le dedicaron un poema. Hacia 1888, cuando recibió un premio en los Juegos Florales de Vigo, estaba otra vez en Galicia. En 1891 publicó* Follatos, *una colección de poesía escrita en gallego.* Romances y cantares *salió en 1895. Durante estos años colaboró con poemas en varias revistas gallegas. Su última colección,* Fe (Poesías religiosas), *fue publicada en 1911 en La Coruña, donde vivió la última parte de su vida, vieja y ciega.*

LÁGRIMAS*

Lágrimas que prisioneras
oculto en mi corazón,
¡ah! ya no sois las primeras
que guardé en esa prisión.
Otras muchas encerradas
largos años sin salir,
se murieron ahogadas
aumentando mi sufrir.
Sí, por mi mala fortuna,
este infeliz corazón
que fuera su infausta cuna
fue también su panteón.
¡Ay! las lágrimas vertidas
a solas con el pesar
son gotas de agua perdidas
en lo profundo del mar.

---

* Del segundo libro de poesía de la autora, *Penumbras*, Madrid, Tip. de R. Labajos, 1880, pp. 41-42. Se puede comparar este tratamiento del motivo de las lágrimas con "Mi primera lágrima" de Rosario de Acuña y "Gotas de agua" de Sofía Casanova.

Solas siempre, sin abrigo
en el mundo han de correr,
sin hallar un pecho amigo
que las quiera recoger.
Hijas del pesar profundo,
ocultas debéis vivir,
pues no hallo un pecho en el mundo
donde os quieran recibir.

TARDE DE OTOÑO*

Plomizo el cielo se muestra
y gimiendo el viento lucha,
menuda lluvia se escucha
en las hojas gotear.
Ya es otoño; de los campos
las aromáticas flores
van perdiendo sus colores,
se empiezan a marchitar.
Ya son de otoño las tardes
melancólicas, sombrías,
ya soplan las brisas frías,
ya no canta el ruiseñor;
ya los árboles no ostentan
su magnífico ropaje,
el desprendido follaje
revolotea en redor.
Ya el arroyo no hace gala
de cristalina corriente,
convertido va en torrente

*Este poema y el siguiente pertenecen a *Penumbras*, pp. 80-82.

que se escucha ronco hervir,
y muy lejos de los bosques
donde manara entre frondas,
llevando sus turbias ondas
a la mar van a morir.

DÍA DE INVIERNO

Ya asoma el helado invierno
su encanecida cabeza,
un sudario de tristeza
envuelve al mundo en redor;
y con la niebla luchando,
el astro resplandeciente
aparece en el Oriente
con tímido resplandor.
Por fin de la cruda lucha
venciendo el astro del día,
llena de luz y alegría,
la tierra lo ve brillar,
y los pájaros que mudos
habían permanecido,
saludan al bienvenido
con melodioso cantar.
Y ya una vez descorrido
de la niebla el denso velo,
el azul brilla del cielo
en toda su esplendidez;
también entonces la tierra
hace gala de belleza,
blanco manto de pureza
oculta su desnudez.

CANTARES*

I

Gotas de llanto del alma
son mis cantares quizás,
que ruedan como las perlas
cuando se rompe un collar.

II

Fugaces notas de un arpa,
hay en cada vibración
el eco de una alegría
o un suspiro de dolor.

---

*Los siguientes cantares funcionan como la introducción a la cuarta colección de poesía de la autora, *Romances y cantares*, Orense, Imp. de A. Otero, 1895, pp. i-iii.

III

¿Que son tristes mis cantares...?
¿que son tristes...? ¡Nada importa!
Dejad llorar al que sufre
y sonreír al que goza.

IV

Yo llevo dentro del alma
la copia fiel de los mares,
con sus olas turbulentas
y sus vastas soledades.

V

No son nieve los cabellos
que en torno a mi frente están;
son la corona de espuma
que ostenta orgulloso el mar.

[...]

VII

Eco de gozos o penas
del pecho ajeno y del propio,
tienen el rugir del mar
o el murmurar del arroyo.

A LA PATRIA*

Madre patria, en cuyo seno
todo lo grandioso anida;
diosa augusta que adoraron
reverentes de rodillas
todas las almas gigantes
a quienes tu amor dio vida.
¡Madre…! ¡madre…! ¡qué bien hacen
los que madre te apellidan,
pues entre acerbos dolores
lanzaste a la luz del día
a los héroes que ignorados
en tu seno se escondían!
Cuando el infame agoreno
entre hierros te oprimía,
tus maternales entrañas,
convulsas y doloridas,
a luz dieron a Pelayo,
al Cid y a Isabel invicta,
al grande Guzmán el Bueno,

*Tomo este texto de *Romances y cantares*, pp. 13-18.

leal defensor de Tarifa,
que, cual Abraham a Dios,
un hijo te sacrifica.
Y cuando sin libertad
suspirabas afligida,
si libertad no te dieron
en el memorable día
de Villalar, te brindaron
en holocausto su vida
los ilustres comuneros
que acaudillaba Padilla.
Cuando el inglés a su yugo
quiso sujetarte, altiva
se vio batirse en la brecha
a la insigne María Pita.
Cuando el Coloso del siglo
sus huestes, nunca vencidas,
envió sobre tu suelo
codiciando sus delicias,
fueron Daoiz y Velarde
mártires de su hidalguía.
Por tu libertad hermosa,
por tu amor y por tu dicha,
a Mariana Pineda
no le arranca la cuchilla
del verdugo el gran secreto
que otros héroes le confían.

[...]

¡Madre patria! ¡Qué bien hacen
los que madre te apellidan,
pues tu amor es fuego santo
que presta a los héroes vida

y a las débiles mujeres
trueca en fuertes heroínas!
Tú eres madre afortunada
por quien los hijos deliran:
jamás, ingrato, algún hijo
tu amoroso seno olvida,
y cuando de ti se alejan,
por ti lloran y suspiran,
por tu suelo perfumado,
por los besos de tus brisas,
por tu ambiente y por tu cielo,
por ese sol que acaricia
las flores sin abrasarlas,
dando a tu fértil campiña
manto de eterna ventura,
cuya belleza infinita
copian tus ríos de plata
en sus aguas cristalinas.

Para bordar tu corona
de joyas bellas y ricas,
tesoros de inteligencia
derramaron a porfía
todos tus hijos ilustres,
todas tus preclaras hijas.
Cervantes y Calderón,
Lope de Vega y Ercilla,
el divino Moratín
y Beatriz la Latina,
Santa Teresa, Feijóo...
y cuantos forman la lista
de los nombres que en las letras
con la luz del genio brillan,
ante tu altar reverentes

inclinaron la rodilla
y para tu sien tejieron
áurea corona divina.

    Patria hermosa, a quien adoro,
por quien gustosa daría
mi vida y mi libertad,
mis más puras alegrías:
tú, que arrullaste mi cuna
blandamente con tus brisas,
no me niegues tu regazo
en el postrimero día.

CONCEPCION DE ESTEVARENA

Concepción Estevarena y Gallardo
(1854-1876)

*Nacida en Sevilla, perdió a su madre a los diecisiete me-
ses. Durante su juventud, vivida entre estrecheces
económicas, cuidaba a su anciano padre. Sin embargo, Se-
villa le brindaba un ambiente literario bastante rico. Tenía
fuertes relaciones de amistad con la familia de la Velilla,
sobre todo con José, escritor, y su hermana, Mercedes,
también poeta de mérito. Había empezado a dar sus poe-
mas a conocer en* El Ateneo *de Sevilla cuando murió su
padre en 1875. Tuvo que pedir limosna para poder ente-
rrarlo. No teniendo parientes cercanos, se recogió en casa
de los de la Velilla y empezó a publicar su poesía en* El
Correo de la Moda *de Madrid en 1876. En ese mismo año
la reclamó un pariente distante que era chantre de la ca-
tedral de Jaca. Concepción, ya muy enferma de tuberculo-
sis, se despidió de sus amigos sevillanos e hizo el triste viaje
a Jaca, donde murió el 10 de septiembre. Después de su
muerte, sus amigos y admiradores sevillanos le dedicaron
una velada y una corona poética en la tertulia de la baro-*

*nesa de las Cortes. José de la Velilla recogió los manus-
critos poéticos de Estevarena y la corona poética en un
tomo,* Últimas flores, *que se publicó con un prólogo
suyo en 1877.*

LUCHAS*

En derredor del sol gira la tierra,
haciéndose, al girar, sombra a sí misma,
y en redor de mis propios sentimientos,
hallando sombra y luz, mi mente gira.
Yo no sé qué pensar; me alejo mucho
y otra vez vuelvo al punto de partida;
la luz de mi esperanza nunca muere,
y a impulsos del dolor siempre vacila.
Para soñar en mundos que no veo
me basta mi incansable fantasía,
y para comprender el que habitamos
no me bastan ni el alma ni la vista.
Sombras que ante la luz se desvanecen,
pasan mis ilusiones más queridas:
rocas fijas en medio de los mares,
duran mis penas grandes e infinitas.
Yo no sé qué pensar; mi pensamiento
tiene en mi corazón extraño guía;
batallo sin cesar, y amo la lucha,
y muero sin cesar, y aún tengo vida.

* De la colección póstuma de los poemas de Estevarena, *Últimas flores*,
Sevilla, Imp. Gironés y Orduña, 1877, p. 143.

VACILACIONES*

Cariñosa me aconsejas
que yo procure imitarte;
no sabes, al alejarte,
en qué honda lucha me dejas.

Con mis propios pensamientos
batallo conmigo, a solas,
como batallan las olas
agitadas por los vientos.

Porque existen en mi alma
dos tendencias, de tal suerte,
que sólo dando a una muerte
será de la otra la palma.

De seguir en pos de ti
una es deseo anhelante;
otra, una duda constante;
que duda, siempre, de mí.

---

*Poema originalmente publicado en *Últimas flores;* el texto aquí sigue la
edición de J. Romo Arregui, pp. 35-37.

Cuando tu labio indulgente
alimenta mi esperanza,
mi deseo dice: "avanza",
dicen mis dudas: "detente".

Tanto de mí desconfío
que hay veces que, si pudiera,
las palabras recogiera
que pronunció el labio mío.

Y me canso de lidiar
con las sombras de mi mente:
para pensar soy valiente,
cobarde al ejecutar.

¿Por qué da mi mente asilo
a ese fantasma risueño?
Si no soy..., ¿por qué sueño?
Si algo soy..., ¿por qué vacilo?

Un mundo de pensamientos
en un cerebro luchando;
millares de ideas, buscando
nunca encontrados acentos;

pensamientos de grandeza
que en estrecha cárcel vagan,
y que oscilan y se apagan
sin salir de una cabeza:

un profundo desaliento,
anhelar mucho, ser nada;
he aquí mi historia ignorada,
esto soy yo, y esto siento.

Deja que en la oscuridad
prosiga mi marcha incierta.
¡Feliz tú, que ves abierta
ante ti la inmensidad!

Y pues tu genio te guía
por la senda de la gloria,
yo celebro tu victoria
como si fuera la mía.

MISTERIO*

Silenciosa es la noche: las campanas,
con pausa y gravedad, su voz elevan,
y de las doce el último sonido
al extinguirse en el espacio tiembla.
Un instante no más ha separado
el año que termina del que empieza;
un instante no más, también, separa
la vida humana de la vida eterna.
Un año confundido entre las sombras
en el dormido mundo se despierta;
¡quién sabe lo que guarda en sus momentos!
¡Quién desgarra el misterio que lo encierra!
Para mí, que temblando lo recibo,
¡quién puede adivinar lo que reserva!
Acaso las auroras de sus días
me anuncien horas de amargura inmensa,
y las trémulas luces de sus tardes
noches de afán y luchas como ésta:
noches, en que el pasado que ya ha muerto,

* Publicado originalmente en *Últimas flores*. El texto aquí sigue la edición
de J. Romo Arregui, p. 39.

el porvenir que mi esperanza crea,
y el presente, que miro con enojos,
como ahora rodarán por mi cabeza.
Tiempo, que has de pasar, yo ambicionara
impulsar con mis manos tu carrera,
y al par es tanto el miedo que me inspiras
que con afán quisiera detenerla.
Año fugaz, que empiezas tu dominio
a la indecisa luz de las estrellas,
lágrimas, risas, ambiciones, luchas,
consigo arrastrará tu indiferencia:
en ti la humanidad, tras de la dicha,
cual siempre, correrá cansada y ciega,
no comprendiendo que el que ciego nace
aunque brille la luz no puede verla.
Así es la humanidad: dueña y esclava;
mas yo, triste de mí, ¿qué soy en ella?
¿Qué es en el huracán embravecido
un leve soplo que en sus alas lleva?
Año, que has de pasar, en tus momentos,
que han empezado a resbalar apenas,
o abrume mi cabeza la ventura,
o mi cuerpo infeliz cubra la tierra.

MI ALMA*

Sin comprender, acaso, lo que siente,
buscando espacio en que extender sus alas,
viene a asomarse a mis dolientes ojos,
llena de ardor y de ansiedad, mi alma.
Anhela conseguir un imposible
y envuelta sale en mi febril mirada,
lanzándose a volar en pos de un término
que ve más lejos cuanto más avanza.
Pretende descubrir lo que nos vela
la bóveda de estrellas adornada,
y adivinar, mientras admira el cielo,
qué es lo que el tiempo entre sus brumas guarda.
Siempre misterios ve, siempre grandeza,
en la extensión que temerosa abarca,
y ser grande también quisiera entonces,
porque lo bello y lo grandioso ama.
Se cansa de vagar en el espacio
y vuelve a reposar, ya fatigada,

---

*Poema publicado originalmente en *Últimas flores*. El texto sigue la edición de J. Romo Arregui, pp. 50-51.

lanzando, acaso, débiles gemidos
que de la brisa entre el rumor se apagan.
Cierro los ojos; mas el alma mía
así no puede recobrar la calma,
y sé viene a posar junto a mi boca,
ansiosa de salir con la palabra.
El mar es grande, pero tiene voces
dignas de su grandeza soberana;
olas mil arrancadas de su seno
que, rugiendo, espumosas se levantan,
y olas que, murmurando dulcemente,
besan amantes la arenosa playa.
También el viento entre sus alas lleva
gritos gigantes o armonías blandas,
ya se transforme en huracán violento,
ya se convierta en suspirante aura,
que parece el aliento de los ángeles
que alrededor de nuestra frente vaga.
Los seres solamente en balde buscan
los armoniosos ecos que les faltan.
Cuando de anhelo y de entusiasmo llena
en espacios de luz se pierde el alma,
voz digna de expresar lo que se siente,
¿quién, venturoso, de su pecho arranca?
¡Mares y vientos, quién a vuestras voces
sonidos semejantes encontrara!
Mi alma, al comprender que no es bastante
a poder contenerla la palabra,
cual siempre que se anhela un imposible,
queda abatida y de luchar cansada,
y rueda por mi rostro, convertida
en una triste y silenciosa lágrima.

ENIGMA*

Con todos los rumores que, mezclados,
    suben a lo infinito,
ha querido formar el hombre, ansioso,
de libertad el sacrosanto himno.

Notas, murmullos, huracanes, risas,
    palabras y suspiros,
nada es bastante; el himno deseado
siempre incompleto resonó en mi oído.

Mientras me lleve por el mar del mundo
    la nave del martirio,
no espero ya escucharlo; falta un eco
universal, espléndido y divino.

Tal vez la eternidad es solamente
    quien guarda ese sonido,
y el velo de la muerte cubre el arpa
donde resuena el suspirado himno.

* Este poema fue publicado primero dos meses después de la muerte de la autora en *El Correo de la Moda*, Madrid, 18 nov. 1876, p. 338, y luego en *Últimas flores*. Tomo el texto de la edición de J. Romo Arregui, p. 54.

HOJAS PERDIDAS*

Conservo el tallo leve entre mis manos
y ya esparcí las hojas de la flor;
las he visto alejarse, cual se aleja
la primera ilusión.

Eran hojas de rosa, que aún guardaban
el perfume, la forma y el color,
y, aun siendo así, volaron con el viento,
y nadie las miró.

He visto en esas hojas el destino
de seres sin hogar y sin amor,
que saben de la noche, y nada saben
de los rayos del sol.

Arrancados del tallo en que nacieran
y arrojados al viento del dolor,
nadie se para a ver si en esos seres
existe un corazón.

---

*Publicado primero en *El Ateneo*, Sevilla, 1 junio 1875, p. 183. Sigo la edición de J. Romo Arregui, p. 69.

DESEOS*

Porque miro dolores y miserias
 me pesa haber nacido;
yo quisiera ignorar ajenos males,
 aun sintiendo los míos.

Quisiera ser la nota que se eleva
 al espacio infinito;
quisiera ser el sueño que se forma
 en la mente de un niño.

Quisiera ser más grande que el deseo,
 más libre que un suspiro:
quisiera ser un ignorado mundo
 rodando en el vacío.

* Publicado originalmente en *Últimas flores*. Este texto sigue la edición de
J. Romo Arregui, p. 83.

¡LIBERTAD!*

En cuanta extensión inunda
el sol con su luz dorada,
la libertad es amada
con una pasión profunda,
hasta el ave moribunda
un canto en su honor entona,
y bien la fama pregona
que, aunque destronarla intenten,
tiene en las almas que sienten
un trono y una corona.

La libertad presta aliento
al pensamiento que crea,
porque es la primera idea
que brota en el pensamiento;
ella es luz y es sentimiento,
y es fuerza que la respeten,
pues, aunque su marcha inquieten
almas a su luz ajenas,

---

*Publicado originalmente en *Últimas flores*. El texto sigue la edición de
J. Romo Arregui, pp. 100-101.

no habrá quien labre cadenas
que a la libertad sujeten.

¡Libertad, lazo de amor,
talismán que honra y escuda,
la humanidad te saluda
como a su gloria mejor!
No pierdes en esplendor,
aunque al verte victoriosa
te promuevan guerra odiosa;
que aun siendo tus penas muchas
sales de las nuevas luchas
más radiante y más hermosa.

Jaca, 17 de marzo de 1876

Blanca de los Ríos de Lampérez
(1862-1956)

*N*ació *en Sevilla en el seno de una familia muy culta: su padre, Demetrio, era arquitecto y literato, y su tío José Amador era conocido estudioso de la literatura española. Blanca mostró sus dotes para la literatura muy joven: tenía dieciséis años cuando se publicó su primera novela,* Margarita, *y diecinueve cuando dio a la prensa una colección de poemas,* Esperanzas y recuerdos. *Su madre murió hacia 1880 y la familia se trasladó a Madrid. En la década de 1880 se casó con el arquitecto Vicente Lampérez y empezó a dedicarse a estudiar la literatura del Siglo de Oro español. Su estudio sobre Tirso de Molina fue premiado por la Real Academia Española en 1885. En 1895 fue nombrada socia del Ateneo de Madrid, donde pronunció muchas conferencias. Aunque seguía dedicándose a los trabajos eruditos sobre la literatura española, en la primera década del siglo veinte publicó una serie de novelas y cuentos. Fue directora de la revista* Raza Española *(1919-1926). En 1924 le fue concedida la Gran Cruz de Alfonso XII.*

EL ÁGUILA*

Sobre montañas de eternal granito,
se levanta atrevida al mismo cielo
gigante roca, de perenne hielo
que toca con la frente el infinito.

Hiere el sol sus cristales de soslayo;
en derredor las nieblas se disuelven;
rotas las nubes su cabeza envuelven,
y en torno de su sien se forma el rayo.

[...]

Allí el águila audaz tiene su nido,
do no se atreven a subir las flores,
alumbrado del rayo a los fulgores,
al borde del abismo suspendido.

Amante de la luz, reina del viento,
abre sus alas cuando el sol las dora,
y bebiendo las perlas de la aurora
se lanza en el azul del firmamento.

* De la primera colección de poemas publicada por la autora, *Esperanzas y recuerdos,* Madrid, Imp. de Víctor Sais, 1881, pp. 25-28.

Mundos descubre que en su seno oculta,
tras velos de zafir, la luz del día,
y la tierra a sus pies, muda y sombría,
en sudarios de niebla se sepulta.

¡Oh , cuál en torno del rosado Oriente
forman los rayos tronos de brillantes,
cuántos soles adornan centellantes
el alcázar del sol resplandeciente!...

Sacia el águila allí su afán profundo;
entre mares de luz suspende el ala,
y sobre el éter sin sentir resbala,
y olvida que a sus pies existe un mundo.

Mas ¡ay! que ha de volver... y en su caída
rueda por el espacio deslumbrada,
y al contemplarla en sombras sepultada
¡cuán triste encuentra la mundana vida!

Y si al bajar, por burla de la suerte,
tras gozar de los cielos la hermosura,
clavan sus alas en la roca dura...
¡Piadoso el rayo que le diera muerte!...

Águila es el humano pensamiento
que, al desprenderse de la inerte roca,
sube a las nubes, y los cielos toca
y avanza más allá del firmamento.

Materia inerte, a la materia atrae
el triste seno de la madre tierra,
y en dura cárcel, implacable, encierra
al pensamiento, que vencido cae.

343

Y el espíritu allí —¡lucha cruenta!—
al ver que nunca lucirá sus galas,
cual águila oprimida, con sus alas
azota su prisión y la ensangrienta.*

¡Así mi corazón, dentro del pecho,
clavado como en roca de granito,
mira un cielo de amor, un infinito,
y salta en su prisión pedazos hecho!...

Sevilla, noviembre de 1878

---

* Esta imagen de la lucha entre el águila y la roca tiene otro sentido en
"Último canto" de Carolina Coronado.

MADRIGALES*

TU NOMBRE

I

Soñé contigo en dulce desvarío,
y despierta a los rayos matinales,
escribí con el dedo en los cristales
tu nombre sobre gotas de rocío;
y al desgarrar el congelado velo
a la lumbre del sol, vi, cielo mío,
que era tu nombre azul el mismo cielo.

TÚ Y YO

II

Yo soy la pobre flor que en el estío
sobre el ardiente polvo se consume:
sé tú la blanca perla de rocío,

*De *Esperanzas y recuerdos,* pp. 59-60.

y yo te daré en cambio mi perfume.
Si es mar de llanto la existencia mía,
tú eres rayo de sol; mírate en ella,
y en tanto que amanece eterno día,
si yo la noche soy, sé tú mi estrella.

[...]

RIMAS*

I

Todo respira amor: la mariposa
se sacia de perfumes y de luz;
ebrios de aromas los insectos vuelan
vacilantes, temblando en el azul.
   Las ramas de los árboles se besan...
¡Qué más himno, Señor, que el mes de Abril!
¡Hasta en la charca resplandece el cielo,
y hasta en el fango inmundo ama el reptil!
   Cuando los cielos y la tierra brillan
rebosando de músicas y amor,
siento un dolor tan grande como el mundo:
¡tengo celos de toda la creación!

Abril, 1880

[...]

* También de *Esperanzas y recuerdos,* pp. 60-80, *passim.*

IV

Realidad, terrible azote
del alma que mundos crea
de ese eterno Don Quijote
que sueña su Dulcinea.
Soñar... ¡donosa locura!
¡Soñar que un ángel se encierra
en la pobre vestidura
que ha de podrirse en la tierra!
Despertemos... —¿Qué es la vida?
—Festín de cuervos hambrientos.
—¿Y el alma? —Hambrienta rendida
que devora sentimientos.
—¿Y el cielo?... —El espacio... nada.
—¿Y Dios? —El vano anhelar
de la humanidad cansada.—
¡Quiero volver a soñar!

[...]

X

Ni vivir puedo en tu ausencia,
ni vivo cuando te veo,
ni es del mundo este deseo
que consume mi existencia.
Nieve soy en tu presencia
y volcán lejos de ti,
y es que tienes sobre mí
tal poder, que dudé al verte
si era el amor o la muerte
lo que en el alma sentí.

Con tan demente ansiedad
llegó a ti mi corazón,
que tomó por ilusión
hasta la misma verdad...
Cierto que la realidad
ante ti se desvanece;
tu espíritu me parece
débil llama desprendida,
que a los bordes de la vida
la eternidad estremece.

¿Cómo vivir en tu ausencia,
si no merezco el infierno,
que el deseo es fuego eterno
y yo mortal existencia?...
¡Si he perdido la conciencia
del tiempo y de mi razón,
si es la vida mi prisión!...
¿De qué sirve el albedrío,
si yo ya no tengo mío
ni mi propio corazón?

¡Si eres mi eterno ideal;
si tú tienes en tu mano
aquel salvaje milano
que afrontaba el vendaval;
si aquel águila caudal
que cuando el trueno rugía
el ala enorme extendía
retando soberbia al rayo,
siente a tus pies el desmayo
precursor de la agonía.

¡Si pienso con tu razón,
si respiro con tu aliento,

si el tuyo y mi pensamiento
fundió en uno la pasión,
si duda mi corazón
dónde su huésped anida;
si dudé en la despedida
entre quedarme o partir,
porque no sé definir
cuál es tu vida o mi vida!...

[...]

XII

Ya mi madre dormía
  su postrer sueño,
símbolo de pureza,
  sagrado sello.
Llevaba yo en mis labios
  su último beso;
mi vida de la suya
  sólo era un eco.
Yo era el último rayo
  de un sol ya muerto;
la estela de un espíritu
  que cruzó el cielo.
Mi vida era suave
  como un reflejo,
serena cual la lámpara
  que arde en el templo;
triste como las luces
  del cementerio.

¡Perdona, madre mía,
si tu recuerdo
troqué por esperanzas
que ya se han muerto.

Josefa Ugarte Barrientos
(1854-1891)

*N*ació y vivió en Málaga. Su excelente formación en lite-ratura y en historia se nota en su escritura. Fue escritora precoz: a los quince años estrenó una obra de teatro. Otra pieza dramática, La cautiva, se representó en el teatro Cervantes de Málaga. Su primer libro, una colección de leyendas tradicionales e históricas en verso titulado Recuerdos de Andalucía, fue publicado en 1874. Sus composiciones obtuvieron premios en concursos poéticos en Málaga, Lérida, Santiago y Toulouse. Una segunda colección, Páginas en verso, salió en Málaga en 1882, y cinco años más tarde se casó con Fernando de la Cerda, conde de Parcent. En 1891, cuatro años después de su matrimonio, falleció, ya madre de un hijo. En 1904 éste conmemoró los logros literarios de su madre, recopilando sus mejores obras en Poesías selectas.

SAFFO*

Sobre alta roca, desceñido el manto,
los ojos fijos en el claro cielo,
rota la lira sobre el duro suelo,
doliente exhala su postrero canto.

Absortas de su voz por el encanto,
gimen las musas en amargo duelo;
y vierte Saffo con febril anhelo
triste raudal de inspiración y llanto.

Llora de amor; el fuego que la inflama
el piélago no apaga, que se extiende
sobre sus miembros, e iracundo brama.

Su noble acento las edades hiende;
que es poco el mar para extinguir la llama
que genio nombran, y que Dios enciende.

---

* Del libro póstumo de poemas de la autora, *Poesías selectas,* Málaga, Tip. La Ibérica, 1904, p. 69. Este soneto sobre la muerte de Safo se puede comparar con "El salto de Leucades" de Carolina Coronado y "Safo" de Eduarda Moreno Morales.

ALGARADA*

A la guerra parte el conde,
a la guerra se partía,
con sus bravos escuderos,
los más bravos de Castilla.
    ¡Guay de vosotros los moros,
moros de la morería!...
Que el conde toma su lanza;
que el conde su potro ensilla.
    Desde las torres infieles
y atalayas fronterizas,
moros cayeron audaces
sobre su fuerte y su villa;
    y sus panes le quemaron
y talaron sus olivas,
y le matan sus pecheros,
¡y roban sus doncellicas!
    Por eso el Conde se arma,
el buen conde don García,

* De *Poesías selectas,* pp. 129-130.

escudo de sus vasallos,
espanto de la morisma.

Sangre corre por sus venas
del gran Cid Rodrigo Díaz;
murió su padre lidiando
por el Rey Santo en Sevilla.

¡Cómo corren los infieles!...
¡Cómo corren!... ¡cómo gritan!...
¡Qué jinetes y peones
se entran por la morería!...

Ya son libres las cristianas,
ya las moras son cautivas,
ya los guerreros triunfaron,
ya los villanos respiran...

¡Qué gallardo vuelve el conde!...
¡Qué gallardo que volvía
entre esclavos y trofeos
y banderas enemigas!

Ya los bárbaros no vuelven
con horrible gritería
a quemarles las iglesias
ni las mieses, ni las viñas:

Que en las moras atalayas
y en las torres fronterizas
mece el viento los blasones
de ese conde don García.

Índice de láminas*

* Los originales se encuentran en la Biblioteca Nacional de Madrid.

ESTE LIBRO
SE TERMINÓ DE IMPRIMIR
EL DÍA 30 DE NOVIEMBRE DE 1992

TÍTULOS PUBLICADOS

DATE DUE

JUN 3 1996			
	261-2500		Printed in USA